Karl Biedermann, Karl Biedermann

Geschichte des deutschen Einheitsgedankens

Ein Abriss deutscher Verfassungsgeschichte von der Urzeit bis zur Errichtung des neuen deutschen Kaisertums

Karl Biedermann, Karl Biedermann
Geschichte des deutschen Einheitsgedankens
Ein Abriss deutscher Verfassungsgeschichte von der Urzeit bis zur Errichtung des neuen deutschen Kaisertums

ISBN/EAN: 9783743498648

Hergestellt in Europa, USA, Kanada, Australien, Japan

Cover: Foto ©ninafisch / pixelio.de

Manufactured and distributed by brebook publishing software (www.brebook.com)

Karl Biedermann, Karl Biedermann

Geschichte des deutschen Einheitsgedankens

Geschichte des deutschen Einheitsgedankens.

Ein Abriß
deutscher Verfassungsgeschichte
von der Urzeit
bis zur Errichtung
des
Neuen Deutschen Kaisertums.

Von

Dr. Karl Biedermann,
ordentl. Honorarprofessor an der Universität Leipzig.

Wiesbaden,
Verlag von J. F. Bergmann.
1894.

Pierer'sche Hofbuchdruckerei. Stephan Geibel & Co. in Altenburg.

Vorwort.

Das nachstehende Schriftchen bietet in großen Zügen und gedrängter, übersichtlicher Darstellung eine Art von „Abriß der deutschen Verfassungsgeschichte von den ältesten bis auf die neuesten Zeiten," indem es das wichtigste Moment derselben, nämlich den Kampf der Einheit mit dem Partikularismus, des nationalen mit dem Sondergeiste, durch alle Perioden unsrer vaterländischen Geschichte hindurch verfolgt. Durch Aufzeigung des Anteils, welchen an diesem Kampfe die hervorragenden Persönlichkeiten und die einflußreichen Begebenheiten der äußeren oder politischen Geschichte haben, wird auch die letztere in ihrer Verflechtung und Wechselwirkung mit der inneren oder Verfassungsgeschichte mehrfach in ein helleres Licht gerückt. Das dem Schriftchen vorgesetzte, einer Flugschrift des Jahres 1815 entnommene Motto:
„Solcher Kämpfe beburft' es, um Deutschlands Einheit zu gründen!" hat dermalen, dem Himmel sei Dank! für uns nur die tröstliche Bedeutung, daß wir mit frohem und ungetrübtem Gefühl ausrufen können, wie es der Titel des letzten Kapitels ausspricht: „Endlich am Ziele!"

Daß wir dies können, ist das unsterbliche Verdienst der Männer, welche uns ein fest geeintes und dadurch starkes Vaterland schufen. Für sie enthalten die thatsächlichen Darlegungen dieser Schrift, auch ohne pathetische Lobeserhebungen, den beredtesten Dank!

Leipzig, im November 1893.

Der Verfasser.

Inhalt.

		Seite
I.	Einleitung	1
II.	Vorherrschen des Sondergeistes in der Urzeit	1
III.	Hervortreten eines einheitlichen Zuges in der Völkerwanderung und Verstärkung desselben im Frankenreiche	4
IV.	Neue Sonderbildungen: Anfänge des Feudal- oder Lehenswesens	6
V.	Karls des Großen Bestrebungen für Kräftigung der Einheitsgewalt und Niederhaltung des aristokratisch-partikularistischen Elements	8
VI.	Die Gründung einer neuen Art von Monarchie: das Erb-Wahl-Königtum im Deutschen Reiche	10
VII.	Die natürlichen Gegner der Einheitsgewalt	12
	a) Der Kampf zwischen Herzogtum und Königtum	12
	b) Königtum und Papsttum	14
VIII.	Die italienische Politik der deutschen Könige mitschuldig an der Schwächung der deutschen Einheitsgewalt	17
IX.	Vergleichung der Zustände Deutschlands im 13. Jahrhundert mit denen Frankreichs und Englands zu derselben Zeit	20
X.	Das Königtum der reinen Wahl	21
XI.	Die konfessionelle Spaltung der deutschen Nation und ihre Folgen für das Verhältnis zwischen der Reichsgewalt und den Landesgewalten	28
XII.	Deutschland „eine Republik von Fürsten mit einem gewählten Kaiser an der Spitze"	31
XIII.	Der „Dualismus" oder die Zweiherrschaft Österreichs und Preußens über Deutschland	38
XIV.	Der Untergang des alten Deutschen Reichs und das Erwachen des nationalen Gedankens im Volke	40
XV.	Pläne und Vorschläge für eine festere Einigung Deutschlands	42
XVI.	Vereitelung der einheitlichen Hoffnungen und Verfolgung der einheitlichen Bestrebungen	44
XVII.	Ersterben des nationalen Geistes im deutschen Volke und Rückfall in ein vaterlandsloses Allerweltsbürgertum	46
XVIII.	Die wirtschaftliche Einigung Deutschlands als Vorläuferin der politischen: Zollverein und Eisenbahnen	50

XIX. Wiederbelebung des nationalen Gedankens im Jahre 1840 durch den Thronwechsel in Preußen und die Kriegsdrohungen Frankreichs . .
XX. Neuer Anstoß zu einer nationalen Bewegung durch die schleswig-holsteinische Frage. . . . .
XXI. Nochmalige Hoffnungen auf Preußen: der „erste preußische Reichstag"
XXII. Die nationale Erhebung des Jahres 1848; das erste deutsche Parlament und eine Reichsverfassung — auf dem Papier . . . . . .
XXIII. Neue Anläufe und neue Mißerfolge . . . .
XXIV. Abermalige Anregung des deutschen Nationalgefühls durch den italienischen Krieg von 1859. Der „Deutsche Nationalverein" . . . . .
XXV. Falsche Propheten . . . .
XXVI. Endlich am Ziele! . . . .

Motto: Tantae molis erat, germanam
condere gentem!
(Aus einer politischen Flugschrift des Jahres 1815.)

I.
Einleitung.

Durch die ganze deutsche Geschichte zieht sich wie ein roter Faden der Kampf des Sondergeistes und des Einheitsgeistes, oder, um es mit einem technischen, freilich fremdsprachlichen Ausdruck zu bezeichnen, der zentrifugalen und der zentripetalen Elemente.

Wir wollen im Nachstehenden diesen Kampf nach seinen verschiedenen Phasen zu veranschaulichen suchen. Von der sichern Höhe herab, die unsere Nation — dem Himmel sei Dank! — endlich erstiegen hat, können wir mit Ruhe auf die vielen Um- und Abwege zurückschauen, die wir durchlaufen mußten, ehe wir soweit gelangten, und werden durch einen solchen Rückblick nur mit um so größerer Freude über das schließlich doch Erreichte und mit um so innigerem Danke gegen die Männer erfüllt werden, die uns ein einiges und mächtiges Vaterland auf dauerhaften Grundlagen schufen.

II.
Vorherrschen des Sondergeistes in der Urzeit.

Unsere Urväter treten in die Geschichte ein als eine Vielheit einzelner, voneinander geschiedener, einander oft feindlich gegenüberstehender Stämme. Der römische Schriftsteller Tacitus zählt in seiner Germania deren mehr als 50 auf. Der Gesamtname Germanen ward ihnen von römischen und griechischen Schriftstellern beigelegt etwa in dem Sinne, in dem wir heutzutage von „Indianern" schlechthin (im Westen Amerikas) sprechen, obschon wir wissen, daß dieselben in viele getrennte Stämme zerfallen.

Daß sie selbst durch einen solchen Namen sich als ein zusammen=
gehöriges Volk bezeichnet hätten, davon haben wir keinerlei sichere
Spuren. Die Notiz bei Tacitus, daß ein einzelner dieser Stämme,
die Tungern, bei einem Einfall in Gallien sich, „um Furcht zu
erwecken", als „Germanen" angekündigt habe, ist zu unklar, um
darauf Schlüsse zu gründen. Der andere Gesamtname: Teutones
(woraus dann Teutsche oder Deutsche entstand) kommt nachweislich
in deutschen Schriftwerken erst im 9., in Urkunden erst im 10. Jahr=
hundert nach Christus vor. Der Ausdruck lingua theodisca, der im
6. Jahrhundert n. Chr. aufkam und worunter man das fränkische
Idiom verstand, hatte nicht (wie man nach einer oberflächlichen
Klangesähnlichkeit vermuten könnte) die Bedeutung einer gemein=
samen oder Nationalsprache („deutsche Sprache"), vielmehr (nach
seiner Abstammung von theod, Volk) die Bedeutung: „Sprache des
Volkes" im Gegensatz zu der Sprache der Vornehmen, dem Latein.

Das einzige Gemeinsame, was die verschiedenen germanischen
Stämme hatten — neben der gleichen Körperbeschaffenheit, der
gleichen Sprache und Sitte und der gleichen Anbetung der drei
Hauptgottheiten Wodan, Thor und Ziu oder Saxnot (woneben
aber einzelne Stämme noch ihre besondern Götter hatten) war die
Sage ihrer Abstammung von einem gemeinsamen Urältervater
Mannus, einem Sohne des Halbgottes Tuisco. Von einem Ge=
fühle der **politischen Zusammengehörigkeit als Ein Volk**,
vollends von dem, was wir unter **Einheitsbewußtsein** ver=
stehen, war dies alles, wie leicht zu sehen, weit entfernt.

Daß diese verschiedenen Stämme sich untereinander als fremde,
wo nicht feindliche ansahen, dafür giebt es mehr als einen schlagen=
den Beweis. Einer der schlagendsten ist folgender. Unsere Altvordern
hatten, wie alle Völker der vorchristlichen Zeit, den Brauch, ihre
Kriegsgefangenen als Sklaven zu benutzen. Es gab aber bei ihnen
auch noch eine andere Art von Sklaven, nämlich solche, welche im
Würfelspiel (einer Leidenschaft unserer Altvordern) ihre Freiheit zum
Einsatz gemacht und verloren hatten. Nun erzählt Tacitus, diese
Art von Sklaven wäre von ihren Herren immer möglichst bald
außerhalb des Stammes verkauft worden. Offenbar schämte sich
der freie Germane, einen Stammesgenossen, der ebenso frei gewesen
war, wie er selbst, in der entwürdigenden Stellung eines Sklaven
bei sich zu behalten. Bei dem Angehörigen eines anderen Stammes

hatte er dieses Gefühl der Scham nicht; er betrachtete ihn (obschon derselbe die gleiche Sprache redete wie er) einfach als einen Feind.

Die einzelnen Stämme selbst trugen kein Bedenken, sowohl sich gegenseitig wie Feinde zu bekämpfen, als auch mit den Römern wider ihre Landsleute, die Glieder derselben Völkerfamilie, sich zu verbünden. Der römische Schriftsteller Tacitus spricht als guter Patriot und in ahnungsvoller Bangigkeit vor den Gefahren, die seinem Vaterlande von diesen kriegerischen Stämmen, wenn sie einig wären, drohen müßten, den Herzenswunsch aus: „Möchte doch diese Uneinigkeit der Germanen unter sich fortdauern!" — ein Wunsch, der leider noch in viel späteren Perioden der deutschen Geschichte nur zu sehr in Erfüllung gegangen ist!

Die Bündnisse, welche einzelne dieser Stämme unter sich zur gemeinsamen Abwehr der Römer schlossen (wie das von Armin zustande gebrachte, wie der Markomannenbund unter Marbod), bekunden eben dadurch, daß sie notwendig wurden, den Mangel eines bleibenden **nationalen Bandes**. Der Versuch Armins, ein solches herzustellen, die einzelnen Stämme und Stammesfürsten unter **eine gemeinsame Einheitsgewalt** zu beugen, kostete ihm das Leben.

Sogar innerhalb des einzelnen Stammes stand der dem Germanen angeborne Trieb der **Absonderung** (der „Individualismus", wie man es wohl nennt) jeder strafferen Zusammenfassung zu einer Einheit entgegen. Schon bei der Ansiedelung pflegten die Einzelnen, wie Tacitus erzählt, möglichst getrennt voneinander und abgesondert sich anzubauen. Spuren dieser uralten deutschen Gewohnheit zeigen noch heut die weit auseinander liegenden Höfe bei den Dithmarsen und in Westfalen. Von einer fest begründeten Staatsgewalt wollten die meisten germanischen Stämme nichts wissen; nur bei wenigen gab es Könige, und auch solche nur mit sehr beschränkter Gewalt, und diese Stämme wurden von den anderen, „die sich selbst regierten" (durch die Versammlungen aller freien Volksgenossen), weichlich und feige gescholten. Sogar da, wo Einheit am meisten not thut, im Kriegswesen, mochte der Germane von seiner persönlichen Freiheit so wenig als möglich aufgeben. Nicht allein durften die einzelnen Häuptlinge mit ihren Gefolgschaften auf eigene Hand, ohne Befragung des Stammes, Kriegs- und Beutezüge in Nachbargebiete machen (obschon dadurch die Ge-

samtwehrkraft des Stammes geschwächt, letzterer auch leicht in
Kriege verwickelt ward), sondern bei Stammeskriegen blieben alle
Vorbereitungen dazu den Einzelnen überlassen; ein gemeinsamer
Führer (ein „Herzog") ward erst beim Auszug ins Feld gewählt,
und er mußte seiner Gewalt sofort wieder entsagen, wenn der
Kriegszug zu Ende war.

Ein einziges Gebiet gab es, auf welchem eine gewisse Gemein=
samkeit bestand. Das war das wirtschaftliche, genauer gesagt, das
agrarische. Im Anfang (noch zu Cäsars Zeit) war das Eigentum
am Grund und Boden ein gemeinsames. Aber auch später, als
ein Privateigentum am Boden üblich geworden war, blieb doch ein
Teil dieses letztern unter dem Namen der „Mark" Eigentum der
Gesamtheit, der Markgenossenschaft*).

III.
Hervortreten eines einheitlichen Zuges in der Völker= wanderung und Verstärkung desselben im Frankenreiche.

Es ist eine oft gemachte, übrigens in der Natur der Sache
selbst begründete Erfahrung, daß jeder stärkere Anstoß zum Auf=
treten eines Volkes nach außen, bestehe er im Angriff oder in der
Verteidigung, im Innern dieses Volkes eine einigende Wirkung
übt. Die Einzelnen und die Teilganzen fühlen die Notwendigkeit,
sich enger zusammenzuschließen, um mit verstärkter Kraft den Kampf
gegen einen gemeinsamen Feind zu bestehen.

Diese Erfahrung machen wir auch beim Eintritt in die zweite
Periode unserer vaterländischen Geschichte, die Periode der sogen.
„Völkerwanderung". Ein Vorspiel dazu bietet die Verschmelzung
der vielen Völkerschaften, von denen Tacitus, Strabo u. a. berichten
(der Chatten, Cherusker, Brukterer ꝛc.), zu wenigen großen Stämmen,
den Sachsen, Franken, Alemannen, Goten u. a. Über Ursache und
Art dieser Neubildungen sind wir im Unklaren, weil in der Zeit,
wo solche vor sich gegangen sein müssen (im 2. Jahrhundert n. Chr.),
die Berührungen der Germanen mit den Römern seltener, daher
auch die römischen Schriftsteller über Vorgänge in Germanien

---

*) Eine weitere Ausführung des Obigen findet sich in des Verfassers „Deutscher
Volks= und Kulturgeschichte," 1. Teil, S. 7 f., 9, 12 f., 16 f., 20, 23, 25, 27 f., 34.

schweigsamer geworden sind. Nur vermuten läßt sich, daß einesteils vielleicht Vorstöße der im Rücken der Germanen sitzenden Völker, der Slaven im Osten, der Normannen im Norden, anderenteils ein in den Germanen selbst erwachter Trieb, über ihre Grenzen hinaus= zubrechen, diesen Zusammenschluß der kleineren Stämme zu größeren veranlaßt hat. Gewiß ist, daß der Beginn der Auswanderung ger= manischer Stämme nach dem Süden und dem Westen, welcher den Anfang von dem bildet, was in seiner weitern Ausbreitung als „Völkerwanderung" bezeichnet wird, mit dem Erscheinen solcher größeren Stämme ohngefähr zusammenfällt.

Noch eine zweite Veränderung nehmen wir um die gleiche Zeit wahr, die sich in derselben Richtung einer strafferen Einheit des Völker= lebens bewegt: das ist der Umschlag von der demokratischen oder republikanischen Verfassungsform der Urzeit in die monarchische. An der Spitze aller der Stämme, welche von einer oder andern Seite in das römische Reich einbrechen und auf dem Boden des= selben Reiche gründen, finden wir Könige mit zum Teil ziemlich ausgedehnter Gewalt, einen Alarich, einen Theodorich, einen Genfe= rich, einen Chlodwig u. a. Ja auch der Grundsatz der Vererbung dieser königlichen Macht, sei es auf den Bruder, wie bei Alarich, sei es auf die Söhne, wie bei Chlodwig, stellt sich gleichsam ganz von selbst ein.

Am besten können wir jenen Umschlag studieren an dem Franken= reiche, dem einzigen der in der Völkerwanderung entstandenen Reiche, welches (abgesehen von dem auf der britischen Insel gegründeten angelsächsischen) Bestand hatte. Hier treffen wir den vollen Gegen= satz zu den Verfassungszuständen der ersten Periode: an der Spitze — an Stelle der alten „Versammlung aller Freien" — einen König mit fast despotischer Gewalt, die durch die Versammlung der Großen, das „Märzfeld", nur wenig eingeschränkt wird; unter ihm als Richter und Befehlshaber in den einzelnen Gauen — statt der von jener Versammlung gewählten Häuptlinge — vom König ernannte Grafen; ferner die Anfänge einer geregelten Rechtsordnung in den „Volksrechten"; eine gesetzlich festgestellte Wehrpflicht, den Heerbann, und eine ebensolche Steuerpflicht der Unterthanen, endlich auch wohl= fahrtspolizeiliche und andere Verordnungen von einem Mittelpunkte aus (die „Kapitularien" der Könige).

In der ehemals römischen Provinz Gallien fanden die Gründer

und Beherrscher des Frankenreichs nicht nur Einrichtungen vor, welche ihnen als Muster einer solchen festeren Staatsordnung dienen konnten, sondern auch bei der Bevölkerung einen lang angewöhnten Geist des Regiertwerdens und Gehorchens. Der freie Franke allerdings sträubte sich anfangs gegen den ihm bisher fremden Zwang eines solchen straffen Regiments und gegen Leistungen wie die der Steuern, die er als unwürdig eines freien Mannes anzusehen gewohnt war. Allein was half's? Sollte er sich als herrschender Stamm inmitten einer an Zahl so viel stärkeren Masse der Besiegten behaupten, so bedurfte es dazu einer streng militärischen Zusammenfassung und Leitung aller Kräfte. Es ging hier, wie es auch sonst noch öfters gegangen ist: um den Preis der Einheit und der darauf beruhenden Macht nach außen mußte auf einen Teil der Freiheit verzichtet werden*).

IV.
Neue Sonderbildungen: Anfänge des Feudal= oder Lehenswesens.

Die Könige des Frankenreichs bedurften zur Befestigung ihrer Herrschergewalt und der Übermacht ihres Stammes der kräftigen Unterstützung eines Kreises solcher, welche teils als ihre Feldherren im Kriege, teils als ihre Beamten oder Ratgeber bei der inneren Verwaltung des Reichs ihnen zur Hand gingen. Auch die römische Geistlichkeit gehörte dazu sowohl wegen der höheren Bildung, die sie zu solchen Geschäften befähigte, welche dem kriegerischen Franken fremd waren, als wegen ihres Einflusses auf die Gemüter der Sieger wie der Besiegten. Um alle diese Elemente an sich zu ketten und entweder für schon geleistete Dienste zu belohnen oder zur Leistung solcher anzuspornen und zu verpflichten, verteilte der König mit freigebiger Hand Stücke des eroberten Landes. So bildete sich ein bevorzugter Stand von Großgrundbesitzern, der sich von der Masse der gewöhnlichen Freien mehr und mehr ausschied und absonderte.

Zu diesem materiellen Standesunterschiede kam dann noch ein zweiter, mehr ideeller. „Der Dienst des Königs adelt", lautete ein fränkisches Sprichwort. Je näher dem Könige, desto vornehmer. Wer unmittelbar aus des Königs Hand ein sogenanntes beneficium, einen

---

*) S. T. V.= u. K.=Gesch. 1. Teil, S. 40 ff., 57 ff.

Grundbesitz, empfangen hatte und dadurch „des Königs Vasall" geworden war, hatte einen höheren Rang, als wer einen solchen erst aus zweiter Hand erhielt und somit nur der Vasall eines Königsvasallen ward. Ein Beamter oder Diener, ja schon ein bloßer Vertrauter oder Tischgenosse des Königs wurde durch dieses persönliche Verhältnis zum König über den gewöhnlichen Freien (sogar wenn dieser ein Franke, jener ein Römer oder Gallier war) erhoben.

Die „Volksrechte", welche die Buße für Verletzungen oder Tötungen unter dem Namen „Wergeld" regeln, markieren diese Standesunterschiede sehr scharf, indem sie das Wergeld eines „Königsmannes", wenn er ein Franke ist, auf das Dreifache, wenn ein Römer oder ein Unfreier, auf das Anderthalbfache des Wergeldes eines einfachen freien Franken setzen.

So entstand an Stelle der allgemeinen Gleichheit aller Stammesgenossen, wie sie im alten Germanien gegolten hatte (denn auch der Adel, wo ein solcher bestand, hatte dort keine eigentlichen Vorrechte vor den gewöhnlichen Freien, wenigstens keine, welche für die letzteren drückend gewesen wären), eine monarchisch-aristokratische Gesellschaftsordnung, eine Art von Pyramide, deren Spitze der König war, die sich nach unten immer mehr verbreitete, doch aber in allen ihren Teilen weit über die Masse der gewöhnlichen Freien emporragte.

Allmählich aber bereitete sich eine neue, bedeutsame Umgestaltung dieser Gesellschaftsordnung vor. Die von den Königen geschaffene Aristokratie begann sich von diesen ihren Schöpfern unabhängig zu machen und auf die eigenen Füße zu stellen. Der Sondertrieb oder Partikularismus regte sich aufs neue und in um so gefährlicherer Gestalt, als er diesmal nicht von einfachen Freien, sondern von solchen ausging, die durch Rang und Besitz, zumal wenn sie zusammenhielten, gar wohl der einheitlichen Königsgewalt die Stirn bieten konnten.

Was diesem Unabhängigkeitsstreben der Großen wesentlich Vorschub leistete, das waren die häufigen Reichsteilungen unter den Nachkommen Chlodwigs. Zwar bildete das von diesem hinterlassene erbliche Königtum anscheinend einen sichern Mittel- und Stützpunkt einer einheitlichen Staatsgewalt, allein ihm fehlte ein wesentlicher Bestandteil, eine festgestellte Erbfolgeordnung. So traten an die Stelle des einen Königs, als des alleinigen Herrschers über das ganze Reich, gewöhnlich mehrere Teilkönige, die sich untereinander bekriegten. Dies gab dann der Aristokratie willkommene Gelegenheit, ihre Dienste bald dem einen, bald dem andern dieser Teilkönige anzubieten und so ihren Einfluß und ihre Gewalt zu steigern. Als dann vollends eine heillose Mißwirtschaft mancher dieser Könige, zumal unter hinzutretendem weiblichen Einfluß (berüchtigt sind in dieser Hinsicht bekanntlich zwei Frauen, Fredegunde und Brunhilde), das Ansehen der Monarchie gänzlich untergrub, da war es als ein Glück für das Reich anzusehen, daß eines dieser aristokratischen Geschlechter, in dem eine Reihe besonders tüchtiger Persönlichkeiten sich folgte, das Geschlecht der Pipine, erst in der Stellung sogenannter „Hausmeier" (einer Art von Mitregenten), die königliche Macht thatsächlich übte, zuletzt in der Person Pipins des Kurzen auch den Titel des Königs annahm und die letzten Sprößlinge der Merovingischen Königsfamilie (der Nachkommen Chlodwigs) in ein Kloster verbannte. Damit war wieder ein **Rückschlag** von dem **aristokratischen** zu dem **monarchischen** Elemente, und zwar einem veredelten monarchischen Elemente, vollzogen*).

V.
Karls des Großen Bestrebungen für Kräftigung der Einheitsgewalt und Niederhaltung des aristokratisch-partikularistischen Elements.

Kein Zweifel, daß Pipins des Kurzen Sohn, Karl der Große, mit seinem hellen und weitsehenden Geiste und seiner starken Willenskraft planmäßig darauf ausging, das **monarchische Einheitsprinzip** zu stärken und die demselben gefährliche Macht der Großen in ihrer Entfaltung und Steigerung möglichst zu hemmen. Abgesehen von dem beherrschenden Einfluß, den seine mächtige Persönlichkeit und der Glanz der gewaltigen Siege über Sachsen, Slaven, Avaren, Dänen auf Vornehm und Gering ausübte und den er dadurch verstärkte, daß er abwechselnd an verschiedenen Punkten seines ausgedehnten Reiches Hof hielt, arbeitete er auch durch ganz bestimmte Veranstaltungen auf jenen Zweck hin. Er schaffte die Herzogswürde ab, weil die Herzöge als Häupter und

---
*) S. T. B. = u. K.=Gesch. 1. Teil, S. 60 ff., 66 ff., 69, 75, 77 ff.

Vertreter eines ganzen Stammes am ersten sich der königlichen Macht widersetzen konnten. Er hielt darauf, daß auch von den Grafen, den Statthaltern des Königs in den einzelnen Gauen, keiner mehr als eine Grafschaft inne hätte. Er band diese Grafen in ihrer amtlichen Wirksamkeit an strenge Instruktionen. Er bestellte zu ihrer Überwachung besondere Beamte, die sogenannten „Sendboten" oder „Sendgrafen" (missi regii), die von Zeit zu Zeit die verschiedenen Teile des Reichs bereisen mußten, um überall nach dem Rechten zu sehen. Er berief seine Beamten und andere Große zu regelmäßigen Reichsversammlungen, ließ sich von ihnen über die Zustände im Reiche berichten, bediente sich ihres Rates, behielt aber sich selbst immer die letzte Entscheidung vor.

Um die kleinen Freien gegen die Bedrückungen der Großen möglichst zu schützen und auch von dieser Seite der letzteren Macht und Willkür zu beschränken, verlieh er diesen kleinen Freien allerhand Erleichterungen betreffs des Heerbannes und der gebotenen Anwesenheit bei den öffentlichen Gerichtstagen.

Nicht wenig trug endlich zur Erhöhung seiner Herrschermacht und zur engeren Heranziehung aller Reichsangehörigen an die in ihm verkörperte Einheitsgewalt seine Krönung und Salbung zum römischen Kaiser durch den Papst bei. Für die Bewohner der ehemals römischen Reichsteile ward er dadurch mit dem Glanze eines Erben der römischen Kaiser, für alle Reichsangehörige aber mit dem Nimbus des weltlichen Hauptes der ganzen abendländischen Christenheit umgeben. In dieser letzteren Eigenschaft band er alle seine Unterthanen durch einen besonderen religiösen Treueeid unmittelbar an seine Person.

So lange der gewaltige Kaiser regierte, gelang ihm denn auch die kräftige Handhabung der einheitlichen Gewalt über alle Teile seines ungeheuren Reichs, die Niederhaltung der Aristokratie und der Schutz des kleinen Mannes. Nach seinem Tode freilich gingen, wie dies bei so großen Männern so oft geschieht, die Früchte seiner Bestrebungen allmählich wieder verloren*).

---

*) S. D. A.- u. R.-Gesch. 1. Teil, S. 86 ff., 89 ff., 97, 100 f.

VI.
Die Gründung einer neuen Art von Monarchie: das Erb-Wahl-Königtum im deutschen Reiche.

Durch die Verträge von Verdun und Meersen (843 und 870) ward aus dem großen fränkischen Gesamtreiche derjenige Teil, der im wesentlichen das alte Germanien umfaßte, als ein besonderer Staat herausgelöst. Damit beginnt das deutsche Reich und eine selbständige deutsche Geschichte.

Eine Zeit lang regierten noch in diesem deutschen (oder, wie es damals genannt ward, „ostfränkischen") Reiche die letzten Ausläufer des Karolingischen Hauses. Nach dessen gänzlichem Erlöschen in der ostfränkischen Linie gab es in dem neuen deutschen Reiche keine berechtigte Einheitsgewalt. Die großen Stämme, welche im Frankenreiche verschmolzen gewesen waren, die Franken, Alemannen oder Schwaben, Bojoarier oder Bayern, Sachsen (mit Friesen und Thüringern), zu denen nun noch die Lothringer hinzukamen, hatten auch unter der streng einheitlichen Regierung Karls des Großen sich doch in ihren Eigentümlichkeiten erhalten. Der große Kaiser hatte diese Eigentümlichkeiten insofern geschont, als er zugab, daß jeder Stamm nach seinem besonderen Rechte, der Franke nach fränkischem, der Sachse nach sächsischem u. s. w., gerichtet wurde. Sie traten jetzt wieder in ihrer vollen Selbständigkeit und Trennung von einander hervor. Auch das Stammesherzogtum, welches Karl planmäßig unterdrückt hatte, lebte wieder auf. Es war nun wohl denkbar, daß diese Stämme als einzelne, gesonderte Staatswesen, ohne ein gemeinsames Band, nebeneinander fortbeständen, wie dies vor der Gründung des Frankenreichs der Fall gewesen war.

Freilich sprach manches für einen Wiederzusammenschluß dieser Teile zu einem Ganzen. Durch das längere Zusammenleben in dem mächtigen Frankenreiche hatte sich denn doch in den Bevölkerungen ein gewisser Sinn der Zugehörigkeit zu einem größeren Staatswesen entwickelt. Von außen drohten den einzelnen Stämmen, wenn sie in dieser Vereinzelung beharrten, mancherlei Gefahren von Normannen, Slaven, Avaren u. s. w. Das über alle Stammesunterschiede hinübergreifende und solche in einer höheren Einheit zusammenfassende Christentum war ein starkes Band der Gemeinsamkeit, und die Geistlichkeit mußte schon im Interesse der Kirche beeifert sein, die Lockerung oder gar Lösung dieses Bandes zu verhindern.

Diesem letzteren Umstande ist es wohl zuzuschreiben, daß gerade die Franken und Sachsen, als diejenigen beiden Stämme, welche die meisten, ältesten und angesehensten Stiftungen der Kirche in ihrer Mitte hatten, zuerst zur Herstellung einer neuen Einheitsgewalt über den einzelnen Stämmen, zur Wahl eines deutschen Königs, Anstalt machten.

In der That ward nicht nur der erste deutsche König, der Franke Konrad I., sondern auch der zweite, der Sachse Heinrich I., lediglich von Sachsen und Franken gewählt. Nur widerstrebend unterwarfen sich die anderen Stämme. Da aber traten zwei Momente ein, welche einer Kräftigung der Einheitsgewalt damals ebenso förderlich waren, wie sie es in unserer Zeit wiederum gewesen sind. Heinrich I. brachte dem Königtum eine festbegründete Hausmacht und die Stütze des stärksten von allen Stämmen, des sächsischen, zu; sodann aber gelang es ihm, nicht nur durch seinen Sieg über die Ungarn eine schwere Gefahr von Deutschland abzuwenden, sondern auch durch die Bezwingung der Slaven und Dänen den deutschen Namen gefürchtet zu machen und die Grenzen des Reichs zu erweitern.

Wie sehr durch den Glanz dieser Kriegsthaten nicht nur das Ansehen des Königtums, sondern auch das Ansehen des in der Person Heinrichs zur Herrschaft gelangten Königsgeschlechtes gesteigert worden war, zeigte sich darin, daß Heinrichs Sohn, Otto I., von allen Stämmen einmütig zu dessen Nachfolger gewählt ward. Und, da dieser den Kriegsruhm seines Vaters durch seinen großen Ungarsieg und seine ebenso siegreichen Feldzüge gegen Slaven und Dänen beinahe noch überbot, während er auch im Innern kräftig und weise waltete, erschien der Beruf des Ludolfingischen Hauses zur Regierung des Reichs so zweifellos und selbstverständlich, daß Ottos Sohn und Enkel, Otto II. und Otto III., ganz wesentlich durch den Willen ihrer Väter auf den Thron gehoben wurden, die hinzutretende Wahl der Fürsten kaum mehr als eine bloße Form war.

Der damit zur Geltung gelangte Brauch, erst durch Wahl ein bestimmtes Geschlecht und zugleich damit einen bestimmten Stamm an die Spitze des Reichs zu stellen, dann aber an die Abkömmlinge dieses Geschlechts sich zu binden, also das Prinzip der Wahl mit dem der Erblichkeit zu verschmelzen, ward seitdem noch zweimal in Anwendung gebracht — in Bezug auf das fränkische oder salische und in Bezug auf das schwäbische oder hohenstaufische Haus. Diese eigentümliche Verbindung von Erblichkeit und Wahl, dieses „Erb-Wahl-Königtum", wie man es nennen kann, bot zwar nicht entfernt dieselbe Bürgschaft der Stetigkeit und Festigkeit der Einheitsgewalt, wie unser heutiges Erbkönigtum, hatte aber vor dem Erbkönigtum ohne feste Erbfolgeordnung, wie es unter den Merovingern und den Karolingern bestand, den großen Vorzug, daß es Teilungen des Reichs und Bürgerkriege verhinderte. Freilich wurde das Prinzip der Erblichkeit später wiederholt durch das Überwiegen des Prinzips der freien Wahl in den Hintergrund gedrängt, zuerst schon nach Ottos III. Tode, weil Heinrich II. nur der Abkömmling einer Seitenlinie war, entschiedener dann unter Heinrich IV., dem die Fürsten einen König aus anderem Hause (Rudolph von Schwaben) entgegenstellten, und später unter den Hohenstaufen, wo das Gleiche wiederholt geschah. Damit traten dann alle die Nachteile ein, welche dem bloßen Wahlkönigtum anhaften, die Einsetzung von Gegenkönigen, die Kämpfe zwischen diesen und den eigentlichen Inhabern der Krone, samt allen den traurigen Folgen solcher inneren Wirren*).

VII.
Die natürlichen Gegner der Einheitsgewalt.

a) **Der Kampf zwischen Herzogtum und Königtum.**

Unter den Fürsten waren es an erster Stelle die Herzöge, welche von den Königen mit Recht als die gefährlichsten Gegner der einheitlichen Herrschergewalt angesehen wurden. Sie waren zwar eigentlich bloße Beamte oder Statthalter des Königs, in Wahrheit jedoch ebenso sehr oder noch mehr Vertreter und Häupter ihrer Stämme, als solche aber im Besitze einer reellen Macht, welche die bloß ideelle des Reichsoberhauptes (soweit letztere nicht durch eine starke Hausmacht unterstützt ward) leicht in den Schatten stellen mochte. Hatten doch einzelne Herzöge mit den alleinigen Kräften ihres Stammes und ihres Hauses gefährliche

---
*) S. T. W.- u. K-Gesch. 2. Teil, S. 7 ff., 25 ff.

Angriffe vom Reiche abgewendet, wie Otto der Erlauchte von Sachsen, der die Normannen, wie sein Sohn Heinrich, der, ehe er König ward, die Slaven, wie Luitpold von Bayern, der die Avaren schlug; hatten doch andere (wie Heinrich der Löwe) sogar die Grenzen des Reiches durch Eroberungen erweitert. Was Wunder, wenn sie sich den Königen gleich oder gar überlegen dünkten, wenn sie, wie diese, den Titel „von Gottes Gnaden" in Anspruch nahmen?

Die Könige erkannten gar wohl die Gefahr, die ihnen von den übermächtigen und übermütigen Herzögen drohte. Die kräftigeren und umsichtigeren suchten dieser Gefahr durch allerhand Mittel zu begegnen. Sie verliehen erledigte Herzogtümer an ihnen befreundete Fürsten oder an Glieder ihres eigenen Hauses, oder sie nahmen den neuen Herzog nicht aus dem Stamme, dessen Haupt er werden sollte, damit er weniger an diesem einen Rückhalt gegen den König hätte. Allein das eine wie das andere dieser Mittel verfehlte seinen Zweck. Die Selbstherrlichkeit eines Herzogs war eine so große Versuchung, daß sie sogar die eigenen Verwandten eines Königs zu Rebellen machte, wie das schon Otto I. an Bruder, Sohn und Schwiegersohn erfuhr, und ein kräftiges Fürstengeschlecht faßte auch in einem fremden Stamme bald Wurzel, wie das Beispiel der aus Schwaben nach Sachsen versetzten Welfen bewies.

Ein wirksameres Mittel war die Schwächung der Herzogsgewalt entweder durch eine Gebietsverminderung des Herzogtums oder durch Pflanzung und Hegung solcher Gewalten innerhalb des Machtbereichs eines Herzogs, von denen vorauszusehen war, daß sie bei einem Streite zwischen Herzog und König sich auf die Seite des letzteren stellen würden. Das eine und das andere ward von manchen Königen, und nicht ohne Erfolg, versucht. Friedrich I. Barbarossa trennte das Markgrafentum Österreich von dem Herzogtum Bayern und sprach in der betreffenden Urkunde ganz offen aus, es geschehe dies, „damit die bayrischen Herzöge künftig weniger trotzig gegen den König auftreten könnten". Zu Wächtern und Gegnern der Herzogsgewalt innerhalb des Herzogtums selbst eigneten sich am besten die Inhaber der größeren geistlichen Gebiete, Erzbischöfe, Bischöfe, Äbte. Dieselben waren schon ihrer Einsetzung nach vom König abhängig, sie wurden aber auch in der Regel durch freigebige Ausstattung mit Gütern und Rechten für das Königtum gewonnen. Der Bischof von Würzburg erhielt ein großes, von dem

Herzogtum Franken abgetrenntes Gebiet unter dem Namen „Herzogtum Ostfranken", der Erzbischof von Köln ein Stück von dem Herzogtum Sachsen als „Herzogtum Westfalen". Dafür waren sie den Königen getreue und wertvolle Verbündete. Um dieselben unabhängig von den weltlichen Großen zu stellen, verliehen die Könige ihnen die sogen. „Immunität", d. h. befreiten sie von der Gerichtsbarkeit der Grafen und gaben ihnen eigene Gerichtsbarkeit in ihren Gebieten. Den Vorwand dazu bot die Heiligkeit der Kirche und ihrer Umgebung, welche, so hieß es, kein weltlicher Fuß betreten dürfe; der eigentliche Zweck aber war ein politischer, wie das in aller Naivetät die darauf bezüglichen Urkunden verraten. In der einen von Heinrich I. für das Bistum Würzburg wird noch als Beweggrund lediglich angegeben, „damit der Bischof mit seinen Leuten unbeschwert für König und Reich beten könne." In einer zweiten von Otto I. für das Bistum Verden ist schon hinzugefügt: „damit der Bischof unserer Kaisermacht treu gehorchen und für König und Reich beten könne." Eine dritte von Konrad II., ebenfalls für Verden, ist noch deutlicher, da heißt es: „damit der Bischof keinem anderen als Gott und dem König diene, der königlichen Gewalt ruhig gehorchen und für den König beten könne."

Den Herzögen entging es nicht, was die Könige mit dieser Begünstigung der geistlichen Fürsten bezweckten. Herzog Bernhard von Sachsen soll geäußert haben, „der Erzbischof von Bremen sei ihm als Aufseher gesetzt, der alle Schwächen des Landes dem Kaiser verrate."

Freilich konnten die deutschen Könige auf die Bundesgenossenschaft der Erzbischöfe und Bischöfe nur so lange sicher zählen, als sie auch die Päpste auf ihrer Seite oder doch nicht gegen sich hatten*).

b) Königtum und Papsttum.

Das Verhältnis des deutschen Königtums zu dem Papsttum war eine zeitlang ein für das erstere sehr günstiges. Otto I., vom Papste Johann XII. gegen einen italienischen Machthaber, Berengar, der ihn bedrängte, zu Hilfe gerufen, hatte, nach dem Beispiel Karls des Großen, die Schutzhoheit über Papsttum und Kirchenstaat übernommen, dafür aber von einer Synode zu Rom sich und

---
*) S. D. B. u. K.-Gesch. 2. Teil, S. 38 ff.

seinen Nachfolgern das Recht zusprechen lassen, daß ohne Genehmigung des deutschen Königs kein Papst eingesetzt werden dürfe.

Dieses Recht hatten seitdem die deutschen Könige unangefochten geübt. Noch Heinrich III. hatte drei Päpste nacheinander wegen ihres anstößigen Lebenswandels ab- und andere dafür eingesetzt Nach seinem Tode aber trat ein Umschlag ein. Die Unmündigkeit Heinrichs IV. benutzte ein kluger Papst, Nikolaus II., um durch eine Synode das Recht der Papstwahl den deutschen Königen zu entziehen und auf das Kollegium der Kardinäle zu übertragen. Als dann Heinrich IV. selbst zur Regierung gelangt, alsbald aber in schwere Kämpfe mit einem großen Teil der Fürsten geraten war, ging Papst Gregor VII. einen bedeutenden Schritt weiter. Durch das Verbot der Besetzung geistlicher Stellen seitens weltlicher Behörden (was er unter „Simonie" verstand) und der Belehnung („Investitur") der Bischöfe seitens der Könige grub er den letzteren die besten Quellen ihrer Macht ab, während er gleichzeitig durch strenge Einschärfung des Cölibats oder der Ehelosigkeit auch der Weltgeistlichen die ungeheure Zahl dieser ebenso, wie die Klostergeistlichen, der bürgerlichen Gesellschaft und dem Staate entfremdete und ausschließlich der Kirche dienstbar machte. Indem er dann, was noch kein Papst gewagt hatte, den Bann über Heinrich aussprach und kraft desselben Fürsten und Völker vom Gehorsam gegen ihn entband, ließ er dem deutschen König seine oberherrliche Gewalt in eben dem Maße fühlen, wie die früheren deutschen Könige die früheren Päpste die ihrige hatten fühlen lassen.

Das alles wäre nicht möglich gewesen, wenn nicht die deutschen Fürsten in ihrem (zum Teil nicht unberechtigten) Groll gegen Heinrich IV. ihre Pflichten gegen das Reich dergestalt aus den Augen gesetzt hätten, daß sie mit dem Papste gegen den eigenen König sich verschworen. Dieses grelle Beispiel von Vaterlandslosigkeit deutscher Fürsten erscheint noch viel greller, wenn man ihr Verfahren mit dem Verfahren französischer und englischer Großen in ähnlichen Fällen vergleicht. Als Papst Bonifacius VIII. den von Gregor VII. aufgestellten und gegen Heinrich IV. in Anwendung gebrachten Grundsatz, daß die weltliche Gewalt der geistlichen, der König dem Papste untergeordnet sei, gegen den französischen König Philipp IV. geltend machen wollte, erklärten die geistlichen und weltlichen Großen Frankreichs auf einem Reichstag, „daß der König von Frankreich seine Krone nur von Gott zu Lehen trage und daß sie selbst in weltlichen Dingen nur dem König zum Gehorsam verpflichtet seien." Und als in England König Johann ohne Land den großen Freibrief Magna Charta feierlich beschworen hatte, dann aber durch einen Spruch des Papstes sich von diesem Eide lossprechen lassen wollte, verweigerte die englische Geistlichkeit die Verkündigung der päpstlichen Bulle. So kräftig wahrten die französischen und englischen Großen die Unabhängigkeit des Vaterlandes gegen fremde Einmischung, während die deutschen die Hand boten zur Demütigung ihres Reichsober= hauptes vor dem Bischofe zu Rom!

Die deutschen Könige selbst waren freilich nicht ohne Schuld an dieser Wendung der Dinge. Hätten sie, gleich den französischen, sich der Einmischung in die Verhältnisse des Papsttums enthalten, so hätten sie auch, wie diese, jede Einmischung der Päpste in deutsche Angelegenheiten mit Erfolg abwehren können. So aber hatten sie, indem sie als römische Kaiser die Päpste von sich abhängig machten, diese beinahe gezwungen, sich einer solchen Abhängigkeit, sobald sie nur könnten, zu entziehen und, um dies sicher zu erreichen, ihrer= seits ein Übergewicht über die deutschen Könige zu erstreben. Dahin kam es nun in der That. Schritt vor Schritt gewann das Papst= tum dem Königtum Boden ab, und bei jedem solchen Anlaufe hatte es deutsche Fürsten zu Verbündeten. Der Nachfolger Heinrichs IV., Heinrich V., wie ungestüm er auch gegen Paschalis II. auftrat, mußte doch, durch Verwickelungen daheim bedrängt, im „Wormser Konkordat" von dem bisherigen Rechte der Könige auf die Investitur der Bischöfe so viel aufgeben, daß ihm nur noch die Belehnung derselben wegen ihrer weltlichen Güter verblieb. Der folgende König, Lothar, ließ sodann geschehen, daß die Einsetzung der Bischöfe durch den Papst der Belehnung vorausging, wo dann letztere kaum mehr versagt werden konnte. Selbst der gewaltige Friedrich Barba= rossa mußte nach der unglücklichen Schlacht von Legnano gegen die lombardischen Städte, die Verbündeten des Papstes Alexanders III., den Vorrang des geistlichen Oberhauptes der Christenheit vor dem römischen Kaiser anerkennen, und die beiden Innocenze, der Dritte und Vierte, vollendeten mit Hilfe einer päpstlichen Partei unter den deutschen Fürsten den Sieg des Papsttums über das deutsche

Königtum, den Sturz des einst so mächtigen Hauses der Hohenstaufen und die innere Zerrüttung des Reichs*).

VIII.
Die italienische Politik der deutschen Könige mitschuldig an der Schwächung der deutschen Einheitsgewalt.

Die italienische Politik, welcher ein großer Teil der deutschen Könige während dieser ersten Periode huldigte (erst die Ottonen, dann wieder die Hohenstaufen), das Streben derselben nach der Herrschaft nicht bloß über das obere, sondern auch über das untere Italien, hatte zunächst die Folge, die wir im vorigen Abschnitte schilderten, sodann die nicht minder bedenkliche, daß nicht nur die Könige selbst dadurch ihren näheren Pflichten fürs Reich entzogen wurden, sondern daß sie auch viel deutsches Gut und Blut für eine Sache opferten, welche nicht die der Nation, sondern nur ihre persönliche war. Aber auch in einer anderen Beziehung hat diese Politik zu der Schwächung, ja zu der Vernichtung der deutschen Einheitsgewalt und zu der damit verbundenen zeitweiligen gänzlichen Auflösung des Reichs beigetragen, dadurch nämlich, daß die Hohenstaufen vom Standpunkte dieser Politik aus selbst die Stärkung und Erweiterung der Partikulargewalten auf Kosten der Einheit begünstigten.

Schon lange hatten die größeren Vasallen, Herzöge, Markgrafen, Landgrafen, danach gestrebt, sich aus Statthaltern des Königs zu selbständigen Herren ihrer Gebiete zu machen. Die Vorbedingung dazu, die Übertragung dieser Ämter vom Vater auf den Sohn, mit andern Worten die Erblichkeit der großen Reichslehen, war, wenn nicht gesetzlich ausgesprochen, doch thatsächlich mehr und mehr zu einem ständigen Brauch geworden. König Conrad II. hatte, um dem ein Gegengewicht zu schaffen, die kleineren oder Grafenlehen erblich gemacht. Er wollte dadurch diese Statthalter zweiten Ranges von den Herzögen unabhängig stellen und näher an den König heranziehen. Anfangs gelang dies auch; allein mit der Zeit steckte das Beispiel der Großen die Kleinen an; die Grafen strebten ebenfalls danach, „Dynasten",

---
*) S. D. A.- u. R.-Gesch. 2. Teil, S. 42 ff., 48 ff.

„Landesherren", zu werden. Was half es da, daß die großen Stammesherzogtümer allmählich in kleinere Gebietsteile zerfielen (auch die beiden größten, Sachsen und Bayern, infolge der Ächtung Heinrichs des Löwen) — an ihrer Stelle und auf ihren Trümmern entstand eine Menge anderer Gewalten, die sich gegenüber dem Königtum kaum weniger spröde verhielten als jene. Je länger je mehr bestand das Reich nur noch aus einer stets wachsenden Zahl erblicher, von der **Einheitsgewalt** ziemlich **unabhängiger Herrschaften**, während bei dem Königtum das Prinzip der Wahl immer mehr über das der Erblichkeit die Oberhand gewann. Konnte es da zweifelhaft sein, auf welche Seite zuletzt die Wage sich neigen mußte? Der Versuch **Heinrichs VI.**, **die Königskrone erblich zu machen**, scheiterte an dem Widerstande der Fürsten, wie schon ein ähnlicher Versuch, den Heinrich III. gemacht hatte, daran gescheitert war.

Der Sohn Heinrichs VI., **Friedrich II.**, bot dann selbst die Hand zu dem völligen Siege des Fürstentums über das Königtum. Um sich gänzlich seinem italienischen Besitz (dem durch seinen Vater erheirateten Königreich Sicilien) zuwenden und Deutschland (unter der Regentschaft seines damals noch unmündigen Sohnes Heinrich) möglichst beruhigt hinter sich lassen zu können, machte er den Fürsten, geistlichen wie weltlichen, die ausgedehntesten Zugeständnisse auf Kosten der Einheit. Nicht nur erkannte er sie förmlich als „Landesherren" (Domini terrae) an, sondern er übertrug ihnen auch alle die nutzbaren Vorrechte, welche eigentlich nur dem Könige zustanden (die sog. „Regalien"), wie Zoll-, Münz-, Markt-, Bergwerksrecht u. s. w. Das früher so bedeutende Reichsgut ward ebenfalls von den hohenstaufischen Königen, um sich Anhänger oder sonstige Kampfesmittel wider ihre Gegenkönige zu schaffen, in immer größeren Massen teils verschenkt, teils verkauft oder verpfändet, so daß zuletzt wenig davon übrig blieb. Ein weiterer verhängnisvoller Mißgriff der hohenstaufischen Politik war der, daß Friedrich II. zu Gunsten der Fürsten das soeben kräftig aufblühende Städte- und Bürgertum, so viel an ihm war, im Keime zu ersticken suchte, indem er alle die Rechte, welche teils von früheren Königen den Städten verliehen, teils von diesen unter Zulassung der Reichsgewalt geübt worden waren, ausdrücklich zurücknahm und aufhob.

Mit Recht ist gefragt worden, warum nicht die deutschen Könige in dem Städte- und Bürgertum eine Stütze gegen den Partikularismus der Fürsten gesucht haben. Ein einziger hat es gethan, und dieser mit dem besten Erfolg, Heinrich IV. Ihm standen die großen Rheinstädte Worms, Köln u. a. schon in seinen Kämpfen mit den Sachsen, dann wieder, als die Mehrzahl der Fürsten und zuletzt sein eigener Sohn sich mit dem Papsttum gegen ihn verbündet hatten, unerschütterlich treu und kraftvoll zur Seite, wogegen auch er sie begünstigt. Die Hohenstaufen dagegen stießen einen so wichtigen Bundesgenossen von sich und begünstigten die Fürsten, von denen sie verlassen und verraten wurden!

Vielleicht geht man nicht fehl, wenn man dieses städtefeindliche Vorgehen Friedrichs II. ebenfalls auf die italienische Politik der Hohenstaufen zurückführt. Sein Altervater, Friedrich Barbarossa, hatte mit den mächtigen lombardischen Städten lange und wiederholte Kämpfe gehabt, die, anfangs glücklich geführt, später verhängnisvoll für ihn wurden. Diese Städte verteidigten ihre und ihres Landes Unabhängigkeit gegen den fremden Gewalthaber. Durch diesen Widerstand gereizt, hatten die Hohenstaufen wohl eine Art von traditionellem Haß gegen alles Städte- und Bürgertum gefaßt, den sie nun auch auf die deutschen Städte übertrugen.

Wie dem auch sei, sicherlich kann man dem alten Justus Möser nicht Unrecht geben, wenn er in seiner „Osnabrückschen Geschichte" sagt: „Das deutsche Städtewesen mit seinem kräftigen Bürgertum und seinem weit ausgebreiteten Handel hätte Deutschland im Innern einigen und nach außen weltbeherrschend machen können. Aber die Landeshoheit der Fürsten stritt gegen die Handlung (den Handel); auf der Fürsten Geheiß mußte der Kaiser schwören, den großen Geist der Nation allergnädigst abzuthun (mit dem Geist des Bürgertums zu brechen), diesen Geist, welcher sich gewiß von beiden Indien Meister und den deutschen Kaiser zum Universalmonarchen gemacht haben würde *).

---

*) S. D. V.- u. R.-Gesch. 2. Teil, S. 33 f., 41, 53 ff., 73 ff.

IX.
Vergleichung der Zustände Deutschlands im 13. Jahrhundert mit denen Frankreichs und Englands zu derselben Zeit.

So endete die erste Periode des deutschen Königtums mit jener „kaiserlosen, schrecklichen Zeit", in der es schien, als habe das Reich gänzlich und für immer aufgehört zu bestehen, als sei Deutschland rettungslos in eine Masse einzelner, zusammenhangloser Teile zerfallen — eine leichte Beute für jeden eroberungslustigen Nachbar.

Wie ganz anders war der Verlauf der Dinge in Frankreich und England gewesen und wie ganz anders standen diese beiden Staaten zu derselben Zeit da, wo Deutschland fast 20 Jahre lang ohne eigentliche Einheitsgewalt war.

In Frankreich, wo bei dem Erlöschen des karolingischen Hauses (986), infolge der Schwäche der letzten Karolinger, das Reich in 40 oder mehr einzelne Herrschaften zerfallen war, die kaum noch dem Namen nach eine Gewalt über sich anerkannten, war es den Nachfolgern der Karolinger, den Capetingern, gelungen, allmählich alle diese Herrschaften teils im Guten, teils durch Gewalt, auch wohl durch Heirat, mit ihrer eigenen Herrschaft, dem kleinen Herzogtum Francien, dergestalt zu verschmelzen, daß dieselben zu Bestandteilen dieses letzteren, sie selbst nicht bloß (wie die deutschen Könige) zu „obersten Lehensherren", sondern zu wirklichen Landesherren aller dieser Gebiete wurden. Was den Capetingern wesentlich dazu verhalf, das war einesteils ihr eifriges Bemühen um Aufrichtung einer festen Rechtsordnung, der auch die bisher so gut wie selbstherrlichen Dynasten sich unterwerfen mußten, andernteils die Begünstigung des Städte- und Bürgertums, also das gerade Gegenteil der von den Hohenstaufen eingeschlagenen Politik. Und so kam es, daß schon unter Ludwig IX. („dem Heiligen"), der 1226—70 regierte, die Befestigung der Einheit des Staates und eines starken Königtums in Frankreich eine vollendete Thatsache war.

Was England betrifft, so hatte dort die normännische Eroberung von 1066 das Einheitsprinzip sogleich in zweifelloser, ja schroffer Gestalt zur Geltung gebracht. Wilhelm der Eroberer und seine ersten Nachfolger regierten geradezu despotisch. Allmählich bildete sich aber gegenüber diesem Despotismus eine Vereinigung der „großen

Barone", der es gelang, den Königen gewisse Rechte abzugewinnen. Diese Zugeständnisse des Königtums an die Großen waren aber — schon wegen der feststehenden Erblichkeit der Krone — nicht von der Art, daß sie die Einheitsgewalt über Gebühr geschwächt hätten, und andererseits waren sie so beschaffen (wie z. B. die Magna Charta), daß sie nicht bloß den Großen, sondern auch den andern Klassen der Nation zugute kamen, während in Deutschland jeder Machtzuwachs der Lehensaristokratie nur immer härter auf die andern Gesellschaftsklassen drückte. Noch in daß 13. Jahrhundert fallen die Anfänge jenes ersten „Parlaments", welches dann im 14. die volkstümliche Gestalt einer Vertretung nicht bloß der Aristokratie, sondern auch der Städte und Grafschaften erhielt und so die bleibende Grundlage des konstitutionellen englischen Königtums ward.

X.
Das Königtum der reinen Wahl.

Über die zweite Periode des deutschen Königtums (von 1273 bis zur Reformation) ist nicht viel zu sagen. Der Einheitsgedanke verblaßt während derselben fast gänzlich; das Prinzip der Absonderung, des Partikularismus, der einzelstaatlichen Selbstherrlichkeit überwuchert ihn vollständig.

Wenig fehlte, so wäre es bei der Auflösung des deutschen Reiches in seine einzelnen Teile, wie die „kaiserlose, schreckliche Zeit" solche zuwegegebracht hatte, verblieben. Weder die Fürsten noch die Ritterschaft hatten Lust, diesem Zustande ein Ende zu machen. Jene konnten ungestört von dem noch vorhandenen herrenlosen Reichsgut Stücke an sich reißen; für diese war die kaiserlose Zeit eine Zeit des blühenden Faustrechts und des straflosen Raubritterwesens.

Um so mehr fühlten die Vertreter des friedlichen Verkehrs, die Handel- und Gewerbetreibenden, das Bedürfnis, dafür zu sorgen, daß wieder „ein Richter auf Erden" sei. Das Gleiche fand bei der Geistlichkeit, als der berufenen Hüterin des „Gottesfriedens", statt, abgesehen davon, daß letztere von der Beutelust des großen und kleinen Adels für ihre eigene Sicherheit fürchten mußte.

Der erste Anstoß zur Wiederherstellung einer obersten Reichsgewalt durch Wahl eines neuen Königs ging daher einerseits von dem, 1254 gegründeten, „Bunde der Rheinstädte", andererseits von dem obersten deutschen Kirchenfürsten und Erzkanzler des Reichs, dem Erzbischof Wernher von Mainz, aus. Als einer der wenigen patriotisch gesinnten weltlichen Fürsten, welche diese Anregungen unterstützten, wird der Hohenzoller Friedrich III., Burggraf von Nürnberg, genannt.

Wie es heißt, hätten die Fürsten, nachdem sie sich zur Wiederbesetzung des erledigten Thrones entschlossen, die Krone dem Böhmenkönig Ottokar angeboten. Ottokar war Slave und Beherrscher eines durchaus slavischen Reichs, seine Wahl wäre also kaum sehr verschieden gewesen von der Wahl eines spanischen oder englischen Prinzen, wie sie in den Zeiten des Zwischenreichs vorgekommen, nur gefährlicher als jene, weil der mächtige Böhmenkönig einen viel verhängnisvolleren Einfluß auf Deutschland üben konnte.

Ottokar lehnte ab; er sah auf das Deutsche Reich verachtungsvoll herab und wollte mit demselben nichts zu thun haben, nicht einmal als dessen Oberhaupt. Nun begannen unter den deutschen Fürsten über den zu wählenden König Beratungen, die volle sieben Monate währten. Der Inhalt dieser Beratungen ist uns nicht aufbewahrt; es läßt sich aber vermuten, daß sie auf alles andere eher gerichtet waren, als auf die Gewinnung eines solchen Oberhauptes, wie es für das aufs äußerste zerrüttete und fast aus den Fugen gegangene Reich so bitter Not gewesen wäre. Leicht, das muß man zugestehen, war ohnehin die Wahl nicht. In der ersten Periode des Königtums war der einzige Hort und Halt der Einheitsgewalt immer der Stamm gewesen, der die Führerschaft über die andern Stämme erhielt. Allein die Stammesherzogtümer waren seitdem alle zerfallen. Andere große Geschlechter, die an die Stelle der früheren Königsdynastien hätten treten können, gab es nicht. Die vormals so mächtigen Welfen waren durch den Sturz Heinrichs des Löwen auf ihre braunschweigischen Güter eingeschränkt worden. Die Babenberger in Österreich waren 1246 ausgestorben. Die Wittelsbacher waren in sich gespalten. Die Askanier und Wettiner endlich schienen nicht geneigt, für den unsichern Glanz der deutschen Königskrone ihre wohlgefestete Landeshoheit aufs Spiel zu setzen.

Den Wahlfürsten lag aber auch nichts weniger am Herzen, als die Schaffung einer machtvollen Reichsgewalt. Ein feiner Beobachter damaliger Vorgänge, Bischof Reginald von Olmütz, schrieb an den Papst:

„Die Fürsten möchten wohl durch den Heiligen Geist einen gütigen, durch den Sohn einen weisen Kaiser erlangen; nur von dem Vater, d. h. der Macht, wollen sie nichts wissen."

Unter diesen Umständen war es ebenso natürlich, daß die Wahl der Fürsten auf einen solchen fiel, von dem sie eine Wiederinfragestellung ihrer bereits erlangten Selbstherrlichkeit nicht zu befürchten hatten, als daß der Gewählte, der Graf Rudolf von Habsburg, sich in die ihm zugewiesene bescheidene Rolle ohne weiteres fügte. Er beließ die Fürsten im ruhigen Besitze der Teile vom Reichsgut, die sie während der herrenlosen Zeit an sich gerissen, und begnügte sich damit, den kleinen Raubadel zu züchtigen und in die Schranken der Rechtsordnung zurückzuweisen. Dem Papste zeigte er in aller Unterwürfigkeit seine Wahl an und bat um deren Bestätigung, wiederholte auch die Verzichtleistung früherer Könige auf die Einziehung der bischöflichen Einkünfte bis zur Einsetzung des neuen Bischofs (das sog. „Spolienrecht") und auf die Mathildischen Güter.

Das einzige Große, was Rudolf I. vollführte, die Besiegung Ottokars und die Einziehung Österreichs und seiner Nebenländer als eines erledigten Reichslehens, kam weniger dem Reich, als ihm selbst und seinem Hause zugute. Denn von jetzt an beginnt jene, von allen den „Königen der freien Wahl" beharrlich verfolgte Politik, die Reichsgewalt nicht als etwas zu betrachten, dessen thatkräftige Wahrer und „Mehrer" zu sein sie die Pflicht hätten, sondern als etwas, was nur dazu da wäre, um ihnen zur Schaffung, Erweiterung und Befestigung einer Hausmacht zu dienen.

Eine solche Politik war die ganz natürliche und unausbleibliche Folge des Prinzips der freien Wahl. Je konsequenter die Fürsten darauf hielten, jede, auch nur thatsächliche Fortpflanzung der Krone in einem und demselben Hause zu verhüten, je geflissentlicher sie daher von einem Hause zum andern übersprangen (von Habsburg zu Nassau, dann zurück zu Habsburg, dann zu Luxemburg, zu Wittelsbach u. s. w.), um so mehr war es den Häuptern dieser verschiedenen Geschlechter nahe gelegt, die Zeit, wo sie im Besitze der Königs- oder Kaisergewalt*) waren, zu Gunsten ihres Hauses

---

*) Bekanntlich führten die deutschen Könige seit Rudolf von Habsburg insgesamt den Titel „Kaiser", obschon die früheren Kennzeichen des „römischen Kaisertums", Römerfahrt, Salbung durch den Papst, Anspruch auf eine Schutzhoheit über den päpstlichen Stuhl u. s. w., wegfielen.

und ihrer Nachkommenschaft zu verwerten, da sie auf eine Nach=
folge dieser letzteren auf dem Königsthrone nicht rechnen konnten.
Da sah man recht handgreiflich, wie nur das erbliche Königtum die
Gewähr bietet, daß dessen Inhaber ihre persönlichen und Familien=
interesse gänzlich mit den Interessen des von ihnen regierten Staats=
wesens verschmelzen, wie dagegen ein bloßes Wahlkönigtum zu einer
gerade entgegengesetzten Politik führt.

Daß Rudolf von Habsburg das dem Böhmenkönig abgenommene
Österreich seinem Sohne Albrecht zu Lehen gab und so den Grund
legte zu dem gewaltigen Länderbesitz, den das habsburgische Haus
allmählich in jenem östlichsten Teile von Deutschland zusammen=
erwarb, dagegen ließ sich am Ende wenig sagen. Er folgte darin nur
dem Brauche früherer Könige. Aber schon sein Nachfolger, A d o l f
v o n N a s s a u , gab ein schlagendes Beispiel von dem Mißbrauch,
der mit den Mitteln des Reichs und zu dessen Nachteil von dieser
„Hausmachtpolitik" getrieben ward. Er hatte mit Eduard I. von
England einen Subsidienvertrag geschlossen zur gemeinsamen Be=
kämpfung Philipps des Schönen von Frankreich. Da letzterer sich
bereits als beutegierig gegenüber dem deutschen Reiche gezeigt hatte,
so hätte eine Schwächung seiner Macht im höchsten Interesse
Deutschlands gelegen. Was aber that Adolf? Pflicht= und vertrags=
vergessen verwendete er die von Eduard bezogene Summe zu einem
Feldzuge gegen die meißnischen Markgrafen Diezmann und Friedrich
mit der gebissenen Wange, die er durch einen häßlichen Schacher mit
ihrem Vater, Albrecht dem Unartigen, ihres Erbes berauben wollte.
Er verwüstete ihr Land, ließ 60 Bürger Freibergs, die diese Stadt
in treuem Festhalten an ihre angestammten Fürsten standhaft gegen
ihn verteidigt hatten, hinrichten und zeigte sich so als das gerade
Gegenteil eines Wächters des Landfriedens, was der deutsche König
sein sollte. Sein Nachfolger, A l b r e c h t I. von Habsburg, wollte das
von seinem Vorgänger unvollendet gelassene Unternehmen fortsetzen,
natürlich im Interesse seines Hauses, wurde aber von den fürstlichen
Brüdern bei Luxa aufs Haupt geschlagen. Dann versuchte er, die
Schweizer ihrer Reichsunmittelbarkeit zu berauben und „österreichisch"
zu machen, und ward daran nur durch deren Tapferkeit und seinen
eigenen Tod verhindert. Ein späterer Habsburger, F r i e d r i c h III.,
rief zur Bekämpfung desselben freiheitsliebenden Volkes sogar eine
wilde französische Kriegerschar, die Armagnacs, herbei, die greulich
im Reiche hausten.

Nicht einer dieser Wahlkönige ist zu nennen, der nicht auf einem oder anderem Wege, bisweilen mit schlimmen Mitteln und jedenfalls mit Benutzung des Ansehens und der Macht des Reichsoberhauptes zu partikularistischen Zwecken, nach einer Hausmacht gestrebt hätte. Bleibenden Vorteil hatte davon allerdings nur eine dieser Königsfamilien, die habsburgische. Ihr gelang es durch die Heirat Albrechts II. mit der Tochter Sigismunds von Luxemburg, die ausgedehnten Besitzungen dieser beiden Häuser zu vereinigen, dazu noch durch Wahl der Stände Ungarn zu gewinnen und so jene große österreichische Monarchie zu gründen, die freilich mit dem Hauptstock ihrer Länder mehr neben als im deutschen Reiche stand. Auch das war kein Glück für Deutschland, daß es fortan von dem weitabgelegenen Wien aus regiert ward, daß einzelne Herrscher Österreichs sich um das, was „draußen im Reich" vor sich ging, wenig oder gar nicht kümmerten (wie Friedrich III., der während seiner mehr als 50jährigen Regierung fast nie aus Österreich herauskam), daß andererseits dieses Österreich durch seinen ungarischen Besitz, mit Österreich aber auch Deutschland in die immer näher rückende Türkengefahr verflochten ward.

Wie gänzlich machtlos in dieser Periode des Wahlkönigtums die Einheitsgewalt war, und wie wenig die Inhaber derselben, die Kaiser, sich selbst um die höchsten Interessen des Reichs kümmerten, ersieht man daraus, daß die wichtigsten Dinge sowohl im Innern als nach außen vorgingen, ohne daß das Reich als solches sich daran beteiligte. Gerade damals entfalteten sich im deutschen Volke eine Menge der tüchtigsten Kräfte, die, von einer starken monarchischen Gewalt zusammengefaßt und geleitet, das Größte hätten vollbringen können, nun aber, ohne eine solche, zum Teil zwar noch immer Bedeutendes leisteten, zum Teil aber auch in gegenseitigen inneren Kämpfen sich selbst zerstörten oder doch schwächten.

Noch gegen den Schluß der vorigen Periode hatten zwei geistliche Orden, die Deutsch- und die Schwertritter, die Länder längs der Ostsee bis nach Kurland und Livland hin erobert, christianisiert und germanisiert. Die deutschen Könige ließen geschehen, daß diese Länder außerhalb des Reichsverbandes blieben; sie sahen auch ruhig zu, als dieselben später, eines nach dem andern, unter polnische Herrschaft gerieten, und erst den Hohenzollern war es vorbehalten, Preußen aus dieser Abhängigkeit herauszulösen. Der siegreiche

Kampf Lübecks und der andern wendischen Städte sowie der Grafen von Holstein und von Schwerin gegen den Dänenkönig Waldemar (dem Kaiser Friedrich II. das von ihm in Besitz genommene deutsche Land zu Lehen gegeben hatte!) fällt ebenfalls noch in die Zeit der Verwirrung kurz vor dem Interregnum. Aber auch den Kämpfen der flandrischen Bürgerschaften gegen die französischen Könige, bei denen es sich um die Sicherheit der westlichen Grenze Deutschlands handelte, blieben die deutschen Kaiser fremd, und ebenso den Kämpfen der Schweizer gegen Karl den Kühnen von Burgund. Der gewaltige Bund der Hansa, der jahrhundertelang den gesamten Handel des Nordens (von Rußland bis England) monopolisierte, mit seinen Flotten die Meere beherrschte, dänische Könige ein- und absetzte, fand bei der Reichsgewalt keine Unterstützung, wohl aber schlecht verhehlte Ungunst, ja mehrfache Anfeindung.

Im Innern des Reichs gab es zahlreiche Störungen des Landfriedens, ohne daß die Könige solche hindern konnten oder ernstlich zu hindern unternahmen. In Schwaben kämpften Städte und Ritter teils untereinander, teils mit dem Grafen Eberhard von Württemberg; in Franken stand ein Bund der Städte, Nürnberg an der Spitze, zehn ganze Jahre lang in Waffen gegen den Markgrafen Albrecht Achilles und seine fürstlichen Verbündeten; am Rhein wütete die Soester Fehde, in Sachsen ein fünfjähriger Bruderkrieg. In vielen der größeren Städte fanden offene Kämpfe, nicht selten mit gewaffneter Hand, zwischen Patriziern und Zünften statt.

Die Versuche, den Landfrieden herzustellen, scheiterten entweder an der Ohnmacht der Reichsgewalt oder an der schwankenden und unzuverlässigen Politik der Kaiser, die sich bald den Städten, bald dem Adel zuneigten, je nachdem ihr Hausinteresse es zu gebieten schien.

Bezeichnend für den ganzen Charakter dieser Periode ist das von Karl IV. 1356 mit einem sog. Hoftage (einer Vereinigung nur eines Teils der Fürsten, keinem eigentlichen Reichstage) zustande gebrachte Reichsgesetz der Goldenen Bulle. Statt einer Wiederkräftigung der Reichsgewalt, die doch so bringend notwendig gewesen wäre, zeigt dasselbe nur eine, über die verhängnisvollen Zugeständnisse Friedrichs II. noch weit hinausgehende Ausdehnung der Vorrechte der Fürsten, wenigstens der größeren, der sieben Kurfürsten. Dieselben werden dem Kaiser nahezu gleichgestellt, indem der Begriff

der Majestätsbeleidigung auf sie erstreckt wird. Die gehässigen Maß=
regeln der Fridericianischen Dekrete gegen Städte= und Bürgertum
werden wiederholt, und durch das privilegium de non appellando
(d. h. das Verbot, von den kurfürstlichen Landesgerichten an das
kaiserliche Gericht zu appellieren) wird nahezu zwei Dritteilen
der Bevölkerung Deutschlands der Rechtsschutz gegen Willkür ver=
kümmert.

Nur ein Vorgang ist aus dieser Periode größter Blüte des
Partikularismus zu berichten, wo Fürsten und Bürgertum einmütig
dem Reichsoberhaupt zur Seite stehen, und zwar gegenüber einer
Anmaßung des Papsttums! Das war, als Papst Benedict II. den
König Ludwig den Bayer bannte und den Satz aufstellte, daß ein
deutscher König erst dann rechtmäßigerweise ein solcher sei, wenn
der Papst ihn bestätigt habe. Damals traten die Fürsten, geistliche
und weltliche, beim alten Königsstuhl zu Rense am Rhein zusammen
und erklärten einmütig jenen päpstlichen Ausspruch für nichtig, sich
selbst aber für entschlossen, die Rechte des Reichs auch gegen den
Papst zu wahren. Das Bürgertum schloß sich ihm an. Leider
war es diesmal der Kaiser, der sich aus Schwäche dem Papste
unterwarf.

In das Ende dieser und den Anfang der folgenden Periode
fallen allerhand Pläne, teilweise auch Versuche einer „Reform
der Reichsverfassung". Allein bezeichnend genug tragen alle
diese Versuche (einen einzigen ausgenommen) nicht sowohl einen
monarchischen, der Einheit günstigen, als vielmehr einen aristo=
kratischen und partikularistischen Charakter. Die Fürsten
streben nach einer Mitregierung neben, ja über dem
Kaiser in der Form eines „Reichsraths" oder „Reichsregiments".
Zur Ausführung eines solchen Plans kam es erst unter Karl V., und
auch da nur sehr vorübergehend.

Im erfreulichen Gegensatze zu dieser Abwendung der Fürsten
von dem Einheitsgedanken steht die Hinneigung zu demselben in den
bürgerlichen Kreisen, wie sie sich in der zeitgenössischen Litte=
ratur in der allerentschiedensten Weise kundgiebt. Mehrere Jahr=
hunderte früher hatte Walther von der Vogelweide patriotische
Weisen angeschlagen; doch war sein Patriotismus nicht ganz frei von
einem Beigeschmack persönlichen Interesses: die bürgerlichen Dichter
des 15. und 16. Jahrhunderts standen dem Kaiserhofe fern; es war

daher lediglich die nationale Begeisterung für die Einheit und Größe des Reichs, was ihnen so warme Töne entlockte, wie wir sie in Seb. Brants Lobgedicht auf den jungen König Maximilian, in Hans Sachsens „Gespräch der Götter über die Zwietracht im heiligen römischen Reich", in Fischarts „Ernstlicher Ermahnung an die lieben Deutschen" u. a. wahrnehmen*).

XI.
Die konfessionelle Spaltung der deutschen Nation und ihre Folgen für das Verhältnis zwischen der Reichsgewalt und den Landesgewalten.

Dahin war es bereits infolge der unausbleiblichen Wirkungen des Königtums der freien Wahl gekommen, daß die Könige (oder Kaiser) selbst sich zu Hauptvertretern des Partikularismus machten, indem sie nur auf die Förderung der Sonderinteressen ihrer Länder — auch auf Kosten des Reichs — bedacht waren. Von Karl IV. sagte treffend einer seiner Nachfolger, Maximilian I., „er sei ein sehr guter Vater seines Böhmens, aber ein Stiefvater des Reichs gewesen", und von sich selbst bekannte eben dieser Maximilian, „er sei zuerst Österreicher und dann erst Deutscher". Das Reichsgesetz die Goldne Bulle hatte in den Augen seines Urhebers, eben jenes Karls IV., vornehmlich den Zweck, seinem Erblande Böhmen gewisse Vorrechte vor den sämtlichen Kurfürstentümern zu sichern, und der „ritterliche Max" mißbrauchte unbedenklich den zur Aufrechterhaltung des Landfriedens ins Leben gerufenen „Schwäbischen Bund" als Werkzeug seiner dynastischen Absichten gegen die Schweiz und brachte es durch diese seine eigensüchtige Politik dahin, daß sich ein so kräftiges Glied wie die Eidgenossenschaft für immer vom Reiche ablöste.

Nun aber trat von anderer Seite ein Moment hinzu, welches das Verhältnis der Reichsgewalt zu den Landesgewalten noch mehr verschob. Es war das die durch die Reformation Luthers herbeigeführte konfessionelle Spaltung der Nation.

So zweifellos wohlthätig die Wirkungen dieser gewaltigen geistigen Bewegung auf allen Gebieten des Kulturlebens waren (mittelbar sogar für den katholisch gebliebenen Teil der Nation,

---
*) S. T. W. u. K.-Gesch., 2. Teil, S. 95 ff., 124 ff., 141 ff., 144 ff.

was selbst unbefangene katholische Schriftsteller wie Ignaz Schmidt und Rotteck anerkannt haben), so teuer wurde sie erkauft durch den Rückschlag, den die konfessionelle Spaltung Deutschlands nach der politischen Seite hin zur Folge hatte.

Wäre es möglich gewesen, jene „Reform der Kirche an Haupt und Gliedern", deren dringende Notwendigkeit längst anerkannt war, in einheitlichem Sinne durchzuführen, wie es die Konzilien zu Pisa, Costnitz, Basel vergeblich versucht hatten, wie es für Deutschland noch einmal, aber ebenso erfolglos, das (1521 errichtete, aber schon 1524 wieder außer Wirksamkeit getretene) Reichsregiment erstrebte, oder wäre es gelungen, zu den sechs Siebenteln des deutschen Volkes, die sich einmal bereits zu der neuen Lehre bekannten, auch noch das letzte Siebentel, namentlich aber die Fürsten, für sie zu gewinnen — welche Kämpfe, welche Wirren, welche unseligen Trübungen und Störungen unseres ganzen Nationallebens wären uns erspart geblieben! Leider aber sollte es anders kommen.

Der neugewählte Kaiser, der spanische Karl V., bekannte und bethätigte sich sofort als entschiedenen Gegner der neuen Lehre und trat als solcher an die Spitze des an der alten Kirche festhaltenden Teils der Stände. Die protestantischen Fürsten und Magistrate hatten daher in ihm von Haus aus den geschworenen Feind ihres Glaubens zu erblicken. Je fester sie an diesem Glauben hingen, desto mehr hielten sie sich nicht nur für berechtigt, sondern für verpflichtet, denselben selbst gegen den Kaiser als Parteihaupt zu verteidigen, äußerstenfalls sogar mit den Waffen in der Hand. Der große Reformator mit seinem warmen nationalen Gefühle und in strenger Befolgung des Bibelwortes: „Seid unterthan der Obrigkeit!" scheute lange vor dieser Gegenstellung wider das Reichsoberhaupt zurück und empfand daher anfangs schwere Gewissensbedenken gegen die Stiftung des Schmalkaldischen Bundes; erst als Kaiser Karl und die katholischen Stände auf dem Reichstage zu Augsburg 1530 den Reichstagsbeschluß durchsetzten, daß keinerlei weiterer Zutritt zum Protestantismus statthaft sein, vielmehr eine „Wiedervereinigung der getrennten Religionsparteien" (was soviel hieß, wie: eine Wiederunterwerfung der Protestanten unter Rom) versucht werden sollte — da gab auch er zu, daß für die Protestanten nunmehr ein Fall der Notwehr eingetreten sei. Den Ausbruch des Schmalkaldischen Krieges zu sehen, ward ihm durch seinen Tod erspart.

Für den deutschen Einheitsgedanken war es ein schwerer Schlag, daß deutsche Fürsten sich gedrungen fanden, zur Rettung ihres Glaubens, und um dem Gewissenszwange zu entgehen, der durch die geforderte Unterwerfung der Protestanten unter das tridentinische Konzil auf sie geübt werden sollte, die Waffen gegen ihren Kaiser zu ergreifen. Aber noch bedenklicher war es, daß Kurfürst Moritz von Sachsen, als er seinerseits die Verteidigung der protestantischen Sache übernahm, sich der Bundesgenossenschaft eines fremden Fürsten, des Königs Heinrich II. von Frankreich, im Kampfe gegen den deutschen Kaiser versicherte und zum Preise dafür demselben die drei Bistümer Metz, Toul und Verdun überließ. Das religiöse Interesse überwog hier so sehr das nationale, daß, um jenes zu retten, selbst ein Bündnis mit dem Auslande nicht nur erlaubt, sondern geboten schien. Aber auch der deutsche Kaiser verfuhr nicht anders; er bediente sich im Kriege gegen die deutschen Protestanten spanischer Soldaten, obgleich er vor seiner Wahl geschworen hatte, „kein fremdes Kriegsvolk ins Reich zu ziehen".

Ihren Höhepunkt erreichte diese Verwirrung aller nationalen Verhältnisse in dem traurigen 30jährigen Kriege. Einerseits mißbrauchte der Herrscher Österreichs, der fanatische Ferdinand II., seine Macht als Kaiser, um womöglich die neue Lehre in seinen eignen Landen und im übrigen Deutschland gänzlich wieder auszurotten; andererseits traten fremde Mächte als Verbündete der Protestanten auf den Kampfplatz, verfolgten dabei jedoch — Schweden wenigstens zum Teil, Frankreich ausschließlich — politische Zwecke, die zwar zunächst gegen das Haus Habsburg gerichtet waren, in ihrer Ausführung aber wesentlich Deutschland trafen. Bei den Friedensverhandlungen zu Osnabrück und Münster endlich standen deutsche Stände als „Verbündete" und „Anhänger" der verhandelnden Mächte, des Kaisers hier, Schwedens und Frankreichs dort, einander gegenüber*).

---
*) S. T. B.- u. K.-Gesch., 3. Teil, S. 10 ff., 26 ff., 31 ff., 43 ff.

XII.
Deutschland „eine Republik von Fürsten mit einem gewählten Kaiser an der Spitze".

So hat bekanntlich Friedrich der Große den staatsrechtlichen Zustand Deutschlands nach dem westfälischen Frieden bezeichnet. Und leider nur zu treffend. Denn der Sieg des Partikularismus über die Einheit war ein vollständiger geworden. Was die Dekrete Kaiser Friedrichs II. und die „Goldene Bulle" etwa noch der Reichsgewalt belassen und den Einzelfürsten vorenthalten hatten, das ward durch den Frieden zu Osnabrück und Münster, bei welchem, wie eine spätere offizielle Denkschrift rühmte, „fremde Mächte eintraten für der deutschen Stände Libertät" — will sagen: Selbstherrlichkeit — nach beiden Richtungen hin vollends besiegelt. Durch jene früheren Reichsgesetze waren die deutschen Fürsten „Landesherren" geworden und in den Besitz aller Regalien gelangt; jetzt wurden sie der That nach europäische Souveräne, und selbst diesen Titel legte der französische Text des Münsterschen Friedensinstrumentes ihnen bei. Sie erhielten ausdrücklich „das Recht der Bündnisse nicht nur unter sich, sondern auch mit Auswärtigen". Allerdings war der Vorbehalt beigefügt: „solche Bündnisse sollten nicht wider Kaiser und Reich, wider den öffentlichen Frieden oder wider diese gegenwärtige Übereinkunft gerichtet sein". Allein wie leicht ist ein derartiger Vorbehalt umgangen und wie oft ist gerade dieser in der Folgezeit umgangen worden!

Wie sehr jede Spur eines festen einheitlichen Bandes, einer kraftvollen Wahrung und Förderung nationaler Interessen den Einrichtungen des Reichs abhanden gekommen war, erkennt man am besten, wenn man sich diese Einrichtungen einzeln, wie sie thatsächlich bestanden und funktionierten, vergegenwärtigt.

Beginnen wir mit der Spitze! Die Habsburger waren zwar seit mehr als zwei vollen Jahrhunderten (seit Albrecht II.) so gut wie erbliche Träger und Inhaber der deutschen Königs= oder Kaiserkrone, denn die Wahl der Fürsten war solange jedesmal auf einen Habsburger gefallen; allein diese thatsächliche Erblichkeit hatte nicht, wie die gesetzlich festgestellte in unserm heutigen Deutschen Reiche, die Folge, daß die Kaiser das Interesse ihrer Länder dem des Reichs ein= und unterordneten — sie waren und blieben, was Maximilian I.

von sich selbst ausgesagt hatte: „erst Österreicher und dann erst Deutsche". Das konnte schon deshalb nicht anders sein, weil sie neben ihren deutschen Ländern auch nichtdeutsche von nicht geringerer, wo nicht größerer Bedeutung unter ihrem Szepter vereinigten. Ohnehin war die Macht, welche ihnen die deutsche Kaiserkrone verlieh, nur eine sehr zweifelhafte. Die materiellen Machtmittel, welche frühere Kaiser in der Form eines ausgedehnten Reichsgutes und wertvoller Regalien besaßen, waren leichtsinnig vergeudet — verschenkt, verpfändet, zuletzt in Bausch und Bogen weggegeben worden; die ideellen aber, wie die Reichsacht, hatten längst ihre Kraft verloren. Ohne den vorausgegangenen entscheidenden Sieg am Weißen Berge wäre die Acht, die Ferdinand II. über Friedrich V. von der Pfalz aussprach, wahrscheinlich wirkungslos gewesen. Das **Kaisertum als solches, d. h. als eine von den Fürsten belegierte Gewalt**, stand völlig in der Luft und hatte eine Bedeutung nur noch als Zubehör der habsburgischen Monarchie.

Die einheitliche Macht eines Gemeinwesens zeigt sich vor allem in seiner Haltung nach außen. Wie sah es damit im Deutschen Reiche damals aus? Nach allerlei verschiedenen Anläufen und Versuchen war man dahin gelangt, die **Wehrkraft des Reiches** aus sog. „Kontingenten", d. h. aus den von den einzelnen Staaten oder „Ständen" zu stellenden Truppenteilen, zusammenzusetzen. Nun gab es aber solcher „Stände" an die 300, darunter viele winzig kleine. Das Kontingent eines solchen kleinen oder kleinsten „Standes" (einer Grafschaft, einer Abtei, einer Miniaturreichsstadt) bestand meist aus nur wenigen Mann. So kam es, daß eine einzige Kompagnie nicht selten aus 10 oder mehr verschiedenen Kontingenten zusammengewürfelt war. Diese Kontingente hatten nicht die gleiche Ausrüstung, nicht das gleiche Kaliber, nicht dieselbe militärische Ausbildung, waren sogar, was dies letztere betraf, nicht selten überhaupt ohne eine solche; denn man nahm die Leute, die man stellen mußte, wo man sie fand, sogar, wie zeitgenössische Schriftsteller berichten, „aus den Zuchthäusern", ebenso wie die dazu gehörigen Flinten „aus alten Rüstkammern". Was Wunder, wenn in der Schlacht bei Roßbach „von 20 Flinten der Reichsarmee kaum eine losging?"

Wie mit dem Heerwesen, so war es mit den **Finanzen des Reiches** bestellt. Eigene Einnahmen hatte dasselbe nicht, seitdem es kein Reichsgut und keine Reichszölle mehr gab. Es war auf „**Matrikularbeiträge**" der einzelnen Stände angewiesen. Das wollte aber damals — sowohl nach der politischen Stellung, als nach der finanziellen Lage der meisten Stände — ganz etwas anderes besagen, wie heutzutage. Die größeren Stände suchten die Last von sich auf die kleineren abzuwälzen, und die kleineren waren oft nicht imstande, solche zu ertragen, auch wenn sie es gewollt hätten. Dabei kamen allerhand eigentümliche staatsrechtliche Theorieen in Gang, durch welche die Stände sich der Beisteuer fürs Reich zu entziehen suchten. Das eine Mal ward die Behauptung aufgestellt: „zu einem Beitrag fürs Reich sei nur der Stand verpflichtet, der auf dem Reichstag dafür gestimmt habe"; ein anderes Mal erklärten manche Fürsten: „sie getrauten sich nicht, dergleichen bei ihren Landständen durchzusetzen".

Die Matrikularbeiträge teilten sich — nach dem Zwecke, für den sie bestimmt waren — in solche für das Heerwesen und in solche für die Rechtspflege. Danach führten sie besondere, und zwar höchst eigentümliche Namen: jene hießen „Römermonate" (eine Erinnerung an die alten „Römerfahrten", zu denen die Vasallen verpflichtet gewesen waren), diese „Kammerzieler" (von dem seit 1524 bestehenden Reichskammergericht, zu dessen Unterhalt sie dienen sollten). Letztere gingen so unregelmäßig ein, daß, nachdem der westfälische Friede die Zahl der Beisitzer am Reichskammergericht auf 50 normiert hatte, ein Reichstag diese Zahl auf die Hälfte herabsetzen mußte, und daß auch von diesen 25 nur 17 einigermaßen (immerhin nur unvollständig) besoldet werden konnten, während 8 regelmäßig leer ausgingen. Die natürliche Folge war, daß die „Reste" des höchsten Gerichtshofes auf die ungeheure Zahl von 50—60 000 stiegen. Mit den „Römermonaten" ging es nicht besser. Das Simplum eines solchen war durch Reichstagsbeschluß auf 128 000 Thlr. festgesetzt worden; es mußte aber auf 58 000 Thlr. herabgemindert werden, und auch davon ging einmal, als ein solcher Römermonat ausgeschrieben war, nach mehr als einem Menschenalter noch nicht die Hälfte ein; von sämtlichen Kurfürsten hatten nur zwei ein paar tausend Thaler gesteuert.

Das Reichskammergericht hatte eine doppelte Aufgabe überkommen: es sollte den Landfrieden wahren, und es sollte die einzelnen Reichsangehörigen gegen Willkürhandlungen ihrer Oberen schützen. Allein keine dieser Aufgaben ward erfüllt. Zwischen einzelnen Ständen kamen offene Fehden vor, ohne daß das Reichskammergericht dagegen einschritt. In Bezug auf den Rechtsschutz der Unterthanen war die oberstrichterliche Thätigkeit ein= für alle= mal aufs äußerste eingeschränkt durch das den Kurfürsten in der Goldenen Bulle verliehene Privilegium de non appellando und dadurch, daß die Lande des Hauses Habsburg der Oberhoheit des Reichskammergerichts völlig entzogen waren; im einzelnen Falle ward diese Thätigkeit gelähmt entweder durch die eigene Scheu des Gerichtes vor kräftigerem Vorgehen gegen einen nur einigermaßen angesehenen Reichsstand, oder durch den Trotz eines solchen gegen die vom Gerichte gefällten Sprüche. Eines der grellsten Beispiele von der Rechtlosigkeit der Unterthanen gegen fürstliche Tyrannei trotz wiederholt versuchten Einschreitens des kaiserlichen Gerichtshofes bietet die Lebensgeschichte der beiden Moser, Vater und Sohn, des württembergischen Staatsrechtslehrers und Rechtskonsulenten der Landstände J. J. Moser, der drei Jahre lang ohne Urteil und Recht auf dem Asperg saß, und des hessen=darmstädtischen Ministers Karl Friedrich von Moser, der wegen angeblicher, aber nicht nach= gewiesener Vergehen in seinem Amte acht Jahre lang Landes verwiesen und des Genusses seines Vermögens beraubt ward.

Wie auf den Gebieten des Kriegswesens, der Finanzen, der Rechtspflege, so war auch auf dem nicht minder wichtigen des Handels und Verkehrs der Sondergeist alleinherrschend ge= worden, die Einheit fast bis auf die letzte Spur verschwunden. An eine gemeinsame Handelspolitik nach außen war nicht zu denken; jeder Versuch einer solchen, auch wenn einmal ein Kaiser etwas zum Schutz der nationalen Industrie gegen ausländischen Mitbewerb thun wollte, stieß entweder auf den heftigsten Widerstand oder aber auf einen stillschweigenden Ungehorsam aus den Kreisen der Reichs= stände. Im Innern des Reichs waren die einzelnen Länder, bis= weilen sogar die einzelnen Provinzen eines und desselben Landes, durch Zölle und sonstige Maßregeln aller Art voneinander ab= gesperrt; selbst der Verkehr mit Lebensmitteln war davon nicht befreit. Auch innerhalb der einzelnen Länder gab es Sonderrechte, welche den Handel aufs äußerste beengten und beschwerten, wie das Stapelrecht, dem zufolge z. B. in Sachsen jede Ware, die in einem Umkreis von 15 Meilen Halbmesser um die Stadt Leipzig entweder erzeugt oder eingeführt ward, nach Leipzig gebracht und dort drei Tage lang zum Verkauf ausgestellt werden mußte, bevor sie irgendwoanderShin vertrieben werden durfte.

Zu alledem kam noch als ein weiteres Hemmnis des Verkehrs die unendliche Mannigfaltigkeit der Münzen, Maße, Gewichte. Es gab 10—12 verschiedene Münzfüße, fünferlei Ellen allein in der Stadt Augsburg u. dergl. m.

Wie trostlos erscheint uns dieses Bild des alten Deutschen Reichs mit seiner gänzlichen Versumpftheit im Partikularismus, mit der Vernichtung aller einheitlichen Interessen, sodaß wir in der That mit den Studenten in Auerbachs „Keller" aus Goethes „Faust" ausrufen möchten: „Das liebe heil'ge röm'sche Reich, wie hält's nur noch zusammen?", wie tröstlich aber auch der Hinblick auf unser jetziges Deutsches Reich, welches von alledem das erfreuliche Gegenteil aufweist!

Und dieser Zustand, den der westfälische Friede geschaffen, ward noch fort und fort verschlimmert durch eine Einrichtung, welche recht eigentlich darauf berechnet schien und jedenfalls darauf hinarbeitete, die Reichsgewalt immer schwächer, die Einzelgewalten immer übermächtiger werden zu lassen. Es waren das die sog. „Wahlkapitulationen," welche die deutschen Kaiser vor ihrer Wahl beschwören mußten und auch widerstandslos beschworen, obschon sie damit ein Stück nach dem andern von dem, was überhaupt von einheitlicher Gewalt noch vorhanden war, vollends preisgaben. Denn jede Wahlkapitulation fügte den früheren Beschränkungen der kaiserlichen und Erweiterungen der ständischen Rechte neue hinzu. Es genügt, auf zwei der ärgsten solcher Bestimmungen hinzuweisen. Der westfälische Friede hatte dem Kaiser das Recht belassen, unter Zustimmung des Reichstages (was ganz in der Ordnung war) Reichsfestungen in den Ländern der Stände anzulegen — in der Wahlkapitulation Leopolds I. ward ihnen dieses Recht abgesprochen und den Landesherren allein die Befugnis zuerteilt, Festungen auf ihrem Gebiet zu errichten. Das altgeheiligte Recht des Kaisers, als oberster Richter im Reiche bedrängten Unterthanen beizustehen, ward in den Wahlkapitulationen mehr und mehr beschnitten, ja nahezu in sein Gegenteil verkehrt, nämlich in die von den Kaisern zu leistende Zusage, nicht allein Klagen von Unterthanen oder Landständen wegen Kränkung ihrer Rechte zurück=, sondern auch die Klagenden „zu schuldiger Parition" (zu schuldigem Gehorsam) an ihre Landesfürsten und Herren zu verweisen.

Die angebliche Vertretung der Nation, der Reichstag, hatte ebenfalls einen rein partikularistischen Charakter. Nicht, wie der jetzige, bestand er aus vom Volke gewählten Abgeordneten, sondern aus den weltlichen und geistlichen Großen, welche nach eigenem Recht darin Sitz und Stimme hatten, daher natürlich auch meist nur ihre eignen Rechte und Interessen oder die ihres Standes vertraten. Das Bürgertum, wie es durch die Reichsstädte repräsentiert ward, war lange Zeit nicht regelmäßig, sondern nur ausnahmsweise dann und wann zugelassen. Erst im westfälischen Frieden erhielten die Reichsstädte eine berechtigte Teilnahme an den Reichstagen, freilich mehr nur der Form, als der Sache nach, da sie von den beiden oberen Kollegien, dem der Kurfürsten und dem der Fürsten, gemeinhin überstimmt wurden. Und auch diese Vertretung der Städte war keine der eigentlichen Bürgerschaften, sondern nur der selbstherrlichen Magistrate.

Auf früheren Reichstagen hatten immerhin einzelne oder mehrere der Großen — teils aus eigenem Antriebe, teils unter dem Einflusse einer im Volke herrschenden Stimmung — einen freieren, wohl gar nationalen Geist bekundet; so in der Reformationszeit, wo sich für die Gewissensfreiheit und gegen den Glaubensdespotismus Karls V. kräftige Stimmen auf mehr als einem Reichstage erhoben. Das hörte auf, als im Jahre 1663 der Reichstag für „permanent" erklärt ward, d. h. wo er das ganze Jahr über beisammen blieb und nur von Zeit zu Zeit „Ferien machte". An einem solchen permanenten Reichstage teilzunehmen, hatten weder der Kaiser noch die einzelnen Landesherren Zeit oder Lust. Die erste Folge war, daß derselbe von jetzt an aus bloßen Delegierten des Kaisers und der Stände zusammengesetzt war, die natürlich nicht nach ihrer eigenen Überzeugung, sondern nur nach strengen „Instruktionen" ihrer Vollmachtgeber verhandeln und abstimmen konnten; eine weitere, daß diese Verhandlungen, die natürlich unendlich weitläufig und langweilig waren, das Licht der Öffentlichkeit scheuten und sich in das Dunkel des Geheimnisses hüllten; eine letzte endlich, daß ein solcher Reichstag sowohl durch das, was man von ihm nicht erfuhr, wie durch das, was man doch erfuhr, zum Gespötte der Nation wurde *).

---

*) S. des Verfassers „Deutschland im 18. Jahrhundert", 1. Bd. S. 14—71.

Wie in den Einrichtungen des Reiches, so hatte auch in der **Stimmung und Gesinnung des deutschen Volkes**, in dem, was wir heutzutage „öffentliche Meinung" nennen, das **zentrifugale Element** das **zentripetale** nahezu gänzlich verdrängt. Die Bewohner der größeren Einzelstaaten, insbesondere der Kurfürstentümer, sahen verachtungsvoll auf das „Reich", und was darin vorging, herab. „Jeder zählt sich gern zu den Preußen, den Sachsen, den Hannoveranern, den Mecklenburgern; nur die, welche kein besonderes Vaterland haben, nennen sich Deutsche", und „höchstens der Bürger einer kleinen Reichsstadt fragt noch bisweilen: wie steht's in Deutschland?" — so klagt ein patriotischer Schriftsteller jener Zeit. Von den damaligen Publizisten waren die meisten und namhaftesten „Partikularisten": der Göttinger Schlözer fühlte, dachte und schrieb als Hannoveraner, der Helmstedter Häberlin als Braunschweiger, der Berliner Nicolai vollends sah in dem „Bestreben, die Gemüter für ein deutsches Nationalgefühl zu erwärmen", nichts als einen „hämischen Parteizweck".

Dazu kam die große Zahl derer, welche grundsätzlich, entweder aus geistiger Trägheit und Gleichgültigkeit, oder wegen ihrer Hinwendung zu den Ideen eines alles Vaterländische und Nationale weit hinter sich lassenden Kosmopolitismus, um Politik sich nicht kümmerten und es übel empfanden, wenn man sie mit Anmutungen von solcher Seite her entweder in ihrem gemütlichen Stillleben oder in ihrem hohen Geistesfluge störte. Zu den letzteren gehörten mehr oder weniger auch unsere großen Dichter des vorigen Jahrhunderts. Klopstock erkannte als das Einzige, was die Deutschen einige und worauf sie als Nation den andern Völkern gegenüber stolz sein könnten, die Sprache und die Poesie; Lessing sprach mit bitterer Ironie von der „thörigten Einbildung der Deutschen, ein Nationaltheater haben zu wollen, da sie doch keine Nation wären"; Schiller in seinem Schwanengesang, dem „Tell", rief ihnen nur prophetisch die Mahnung zu: „Seid einig, einig!"; Goethe endlich lenkte die Blicke seiner Landsleute von dem politischen auf das weltbürgerliche Gebiet hinüber in dem bekannten Distichon:

„Zur Nation euch zu bilden, ihr hofft es, Deutsche vergebens.
Bildet, ihr könnt es, dafür freier zu Menschen euch aus!"

Nur zwei Schriftsteller der damaligen Zeit können bereits als bewußte Vertreter des nationalen Gedankens angesehen werden,

Karl Friedrich v. Moser und Justus Möser. Beide beklagten den
Verfall des Reichs und das Überwuchern des Sondergeistes; beide
fanden die Ursache dieser unseligen Wendung der deutschen Geschicke
mit richtigem Blick darin, daß die deutschen Kaiser das Bürgertum
oder den Mittelstand mißachtet und sich zu sehr in die Hände der
Fürsten= und Adelsaristokratie gegeben hätten. Allein einen Weg
zur Rückbildung des so tief kranken Reichskörpers und zur Heilung
der eingerissenen Schäden vermochten auch sie nicht anzugeben.

Ehe ein solcher Weg gefunden ward, mußte Deutschland durch
eine lange Schule schwerer Schicksale hindurchgehen.

XIII.
Der „Dualismus" oder die Zweiherrschaft Österreichs und Preußens über Deutschland.

Von allen den deutschen Einzelstaaten, welche auf Grund des
westfälischen Friedens die Stellung „europäischer Mächte" bean=
spruchten, gelang es nur einem, sich zu einer solchen wirklich, wenn
auch erst im Laufe der Zeit, emporzuarbeiten. Es war das der
Staat Brandenburg=Preußen. Noch im 30jährigen Kriege
von untergeordneter Bedeutung, erhob sich dieser Staat unter dem
Großen Kurfürsten durch dessen kraftvolle Politik im Innern
und nach außen zu einer ungeahnten Stufe der Macht und des
Ansehens. Von besonderer Wichtigkeit war die durch den Großen
Kurfürsten zustande gebrachte Erhebung des Herzogtums Preußen
zu einem von der Krone Polen fortan unabhängigen Staate. Da=
durch ward es dessen Sohne möglich, auf dieses „souveräne" Herzog=
tum, welches auch dem Verbande des Deutschen Reichs niemals
angehört hatte, Titel und Würde eines „Königreichs Preußen"
zu gründen und so das vereinigte Brandenburg=Preußen in die
Reihe der „europäischen Mächte", wenn auch vorerst mehr nur dem
Namen, als der Geltung nach, einzuführen. Seinem Enkel, Fried=
rich dem Großen, war es vorbehalten, durch seine glänzenden
Siegesthaten dem kleinen Preußen wirklich das Ansehen einer
„fünften Großmacht" zu erringen.

Für den deutschen Einheitsgedanken war die dadurch geschaffene
Lage nicht gerade günstig. Statt eines einzigen Mittelpunktes er=
hielt Deutschland deren zwei. Es bildete sich eine österreichische

oder kaiserliche und eine preußische Partei unter den deutschen Einzel=
staaten. Allein Deutschland mußte durch dieses Stadium einer
Zweiherrschaft hindurchgehen, weil nur so — in dem aufstreben=
den Preußen — der Kern einer neuen Staatsbildung geschaffen
werden konnte, nachdem die alte, an Österreich gekettete, sich als
lebensunfähig erwiesen hatte.

Friedrich der Große selbst dachte an eine solche welthistorische
Bestimmung seines kleinen Staates noch nicht, konnte daran, wie
damals die Verhältnisse lagen, noch nicht denken. Man hat wohl
bisweilen den von ihm 1785 gestifteten „Deutschen Fürstenbund"
als den bewußten Anlauf zu einem „preußisch=deutschen Bundes=
staate" deuten wollen. Die schlagendste Widerlegung einer solchen
Auffassung enthält die Denkschrift, welche der König durch seinen
Minister von Herzberg ausarbeiten und den großen Höfen über=
reichen ließ. Darin gab er diesen zu bedenken, wie gefährlich für
sie ein unter einem einzigen Herrscher festgeeintes Deutschland
sein würde, ein wie großes Interesse sie daher hätten, über der
strengen Aufrechthaltung des „glorreichen" westfälischen Friedens
und der durch diesen den Einzelstaaten verbürgten Unabhängigkeit
zu wachen.

Der Fürstenbund war nichts anderes und sollte nichts anderes
sein, als ein Schutz= und Trutzbündnis seiner Mitglieder gegen Über=
griffe des Kaisers; er hatte einen strengpartikularistischen, nicht
entfernt einen unitarischen Charakter.

Gleichwohl hat Friedrich der Große der künftigen Verjüngung
und Machterweiterung Gesamtdeutschlands mittelbar wirksam vor=
gearbeitet, indem er nicht nur durch seine kriegerischen Großthaten,
zumal seinen zähen und zuletzt erfolgreichen Kampf gegen drei Groß=
mächte, die Augen Deutschlands und Europas auf Preußen lenkte,
sondern auch durch ein ebenso aufgeklärtes wie strenggeregeltes
Regiment im Innern die Wege zeigte, wie eine gesunde, lebens=
kräftige und volkstümliche Staatsordnung zustande kommen könne *).

---

*) S. D. V.= u. K.=Gesch., 3. Teil, S. 79 ff., 110 ff.

XIV.
Der Untergang des alten Deutschen Reichs und das Erwachen des nationalen Gedankens im Volke.

Während in dem preußischen Staate die Fridericianischen Traditionen von straffer Zucht im Innern, von militärischer Tüchtigkeit nach außen, freilich in vieler Hinsicht geschwächt unter der Regierung seines Nachfolgers, doch immer noch fortlebten, vollzog sich allmählich das unabwendbare Geschick des Deutschen Reichs. Was früher wohl ab und zu im einzelnen vorgekommen, der Abfall deutscher Großen zu den Feinden Deutschlands, das erfolgte jetzt in Masse und auf einmal. Eine ganze Anzahl süd= und westdeutscher Fürsten erklärten — in einer französisch geschriebenen (!) gemeinsamen Note — ihren Austritt aus dem Reichsverbande und bildeten den „Rheinbund" unter dem Protektorate des Kaisers der Franzosen, Napoleons I. Sie halfen diesem, die beiden deutschen Großstaaten, einen nach dem andern, niederwerfen und berauben und sonnten sich in den Strahlen der Glorie, welche den Allmächtigen umgab, dem sie Gut und Blut ihrer Völker hinopferten und dessen willenlose Geschöpfe sie waren. Kaiser Franz I. legte die deutsche Kaiserkrone nieder und entließ die Stände des Reichs ihres Eides gegen ihn. Deutschland als ein Ganzes hatte aufgehört zu existieren; dem deutschen Volke blieb nichts Gemeinsames als seine Sprache und Litteratur.

Viel besser hatte es um Deutschland allerdings schon nach dem dreißigjährigen Kriege und dem westfälischen Frieden kaum gestanden. Allein die äußeren Formen und Einrichtungen des Reichs hatten doch damals fortgedauert, und so hatte auch das deutsche Volk sich in den herkömmlichen Bahnen weiterbewegt, hatte den Verfall des Reichs mit mehr oder weniger Ergebung als etwas Unvermeidliches hingenommen und hatte zum Troste dafür in kleinen und kleinsten Verhältnissen sich es behaglich zu machen gesucht. Jetzt aber, wo es Sein oder Nichtsein der ganzen Nation galt, ward durch das Übermaß des Unglücks auch der Gleichgültigste zu dem Entschlusse der Abwehr aufgerüttelt. Tapfere und erleuchtete Männer machten sich zu Herolden des solchergestalt wachgerufenen Nationalgefühls. Fichte in seinen „Reden an die deutsche Nation",

Arndt in seinem „Geiste der Zeit", Jahn in seinem „Deutschen Volkstum" drangen in feurigen Worten vor allem auf eine sittliche Wiedergeburt des deutschen Volks, als die notwendige Vorbedingung einer politischen, auf ein kräftiges Abthun des demselben aufgedrängten fremden, welschen Wesens, auf eine Rückkehr zu den strengeren und einfacheren Sitten der Altvorderen. Die großen politischen, wirtschaftlichen und sozialen Reformen eines Stein und Hardenberg, die militärischen eines Scharnhorst zielten zwar zunächst auf eine Wiedererhebung Preußens aus seinem tiefen Verfalle hin, mittelbar aber, da dieser Zweck doch nur durch eine Brechung der Napoleonischen Zwingherrschaft zu erreichen stand, auf die Befreiung des ganzen Deutschlands. Auch die gewaltige Volkserhebung des Jahres 1813 war zwar ganz vorwiegend eine preußische, allein die Thatsache, daß auch aus anderen deutschen Ländern, selbst solchen, die noch unter dem Banne des Napoleonischen Regimentes standen, viele Freiwillige zu den preußischen Fahnen eilten, bezeugte die Stärke des neuerwachten **deutschen Nationalgeistes**.

Als dann endlich der Welteroberer durch die vereinte Kraft der Völker Europas niedergeworfen war, ja schon als ein solcher Erfolg in sicherer Aussicht stand, erhoben sich von allen Seiten in der deutschen Presse laute Stimmen, welche eine festere Einigung und eine dadurch verbürgte größere Sicherheit und Machtstellung des wieder befreiten Vaterlandes forderten, welche zur Einigkeit, zur Beseitigung oder doch Unschädlichmachung aller partikularistischen Richtungen mahnten. „Seid deutsch!" ruft eine Flugschrift aus dem Jahre 1813 allen Bewohnern deutscher Lande zu; „vergeßt alles andere"! „Nur durch Konzentration aller Kräfte ist der Übermut Frankreichs in seine Ufer zu dämmen," heißt es dort weiter; „wenn man nicht die Kleinen durch ein Band zusammenzwingt, wird Frankreich immer wieder Bundesgenossen finden." — „Könnten wir uns entschließen," sagt ein anderer Schriftsteller, „deutsch zu sein, so trotzten wir jedem Sturme." Die Worte „Deutschtum" oder „Deutschheit" wurden zu Schlagwörtern des Tages. Eine damals in Leipzig begründete Zeitschrift, die „Deutschen Blätter", welche sich als ein „gemeinsames Nationalarchiv der Deutschen" ankündigte, gewann alsbald 4000 Abonnenten, für jene Zeit eine ganz außerordentliche Zahl*).

---

*) S. T. V.- u. K. Gesch., 3. Teil, S. 126 f., 139 ff., 151.

XV.
Pläne und Vorschläge für eine festere Einigung Deutschlands.

An solchen Vorschlägen war kein Mangel; nur leider waren die meisten entweder unausführbar, oder doch zu wenig den bestehenden Verhältnissen und den Bedürfnissen der Nation angepaßt. Das erstere galt von dem naiven Vorschlage, irgend einem, von den Fürsten zum Kaiser „gekürten" Herrscher eines deutschen Landes, unter Umständen auch eines kleineren, sämtliche andere Monarchen, auch die der beiden Großstaaten, unterzuordnen, sowie von dem noch naiveren, wonach eine nichtfürstliche Persönlichkeit, allerdings kein Geringerer, als der Reichsfreiherr vom Stein, an die Spitze eines deutschen Bundes gestellt werden sollte. Ein dritter Plan, der aus den nichtösterreichischen und nichtpreußischen deutschen Ländern eine „dritte Gruppe" unter der Führung Bayerns und „mit Anlehnung an Österreich oder auch an Frankreich" bilden wollte, war nicht sowohl naiv als vielmehr rheinbündlerisch.

Unausführbar war von Hause aus ein jeder Vorschlag, der nicht auf die Stellung der beiden Großmächte die nötige Rücksicht nahm. Aber dem Verlangen des deutschen Volkes nach Einheit ward andrerseits nicht genügt, wenn die einen Deutschland unter die Herrschaft der beiden Mächte verteilt, andere Deutschland von beiden abwechselnd regiert sehen wollten. Der Vorschlag, an Österreich die deutsche Kaiserwürde, an Preußen dagegen das „Erzfeldherrnamt", d. h. den Oberbefehl über die gesamte Heeresmacht Deutschlands zu übertragen, konnte unmöglich ernst gemeint sein. So war und blieb es ein unlösbares Problem — ähnlich der Quadratur des Zirkels -, mit dem Vorhandensein und den Ansprüchen zweier Großmächte den Gedanken der Einheit auszugleichen. Sogar der Scharfsinn eines Stein mußte daran scheitern. Der große Staatsmann und warme Patriot versuchte verschiedene Wege zu dem auch von ihm festgehaltenen Ziele der Gemeinsamkeit aller deutschen Interessen. Am liebsten hätte er die ganze Vielstaaterei mit Stumpf und Stiel ausgerottet. Da dies nicht gelang, wollte er die Staaten zweiter und dritter Ordnung an Österreich und Preußen in solcher Weise angliedern, daß sie von ihrer Souveränität keinen für das Ganze schädlichen Gebrauch machen könnten. Später neigte er sich der

Idee eines habsburgischen Kaisertums zu, stieß aber dabei, wie begreiflich, auf den lebhaften Widerspruch der preußischen Staatsmänner, Hardenbergs und Humboldts.

Der Gedanke eines österreichischen Kaisertums war übrigens damals in den Kundgebungen der öffentlichen Meinung, in Flug- und Zeitschriften, weitaus der vorherrschende. Von einer anderen Form der Zusammenfassung aller deutschen Staaten zu einer Einheit, als der des Kaisertums, hatte man keine Erfahrung. Auch erschien nach dem damaligen Stande der Geschichtsforschung das Kaisertum der Ottonen und der Hohenstaufen mit seiner weit ausgreifenden italienischen Politik und mit dem Range des deutschen Kaisers als des ersten Fürsten der Christenheit in einem Glanze, der seitdem einigermaßen verblichen ist. Was das habsburgische Kaisertum betraf, so hatte auch dieses eine nahezu vierhundertjährige Tradition für sich. Noch lebte der letzte Träger der deutschen Kaiserkrone aus diesem Hause, und vielen erschien es wie eine Pflicht der Pietät, diese Krone, um welche der Zerfall Deutschlands ihn gebracht, jetzt, bei dessen Wiederherstellung, ihm zurückzugeben.

Schier unbegreiflich will es uns heute bedünken, wie es habe geschehen können, daß an eine **preußische Führerschaft über Deutschland** damals so gut wie gar nicht gedacht ward. Preußen hatte durch seine glorreiche Erhebung das Signal und den Anstoß zur Befreiung Deutschlands, ja Europas von der Napoleonischen Tyrannei gegeben; es hatte sich den ungeheuersten Opfern zur Führung des Krieges unterzogen, hatte im Kriege weitaus die glänzendsten und entscheidendsten Waffenthaten vollbracht. Auch erkannte die öffentliche Stimme im übrigen Deutschland (zum Teil halb widerwillig) diese Verdienste Preußens an, allein zugleich gab sie vielfach dem Argwohn Ausdruck, Preußen strebe nach Vergrößerung auf Kosten seiner Nachbarn, einem Argwohn, der durch den Streit um Sachsen neue Nahrung erhielt. Dazu kam, daß von Österreich aus alles geschah, um den Anteil Preußens an dem siegreichen Ausgange des Befreiungskrieges von 1813—1814 möglichst zu verkleinern, denjenigen Österreichs über Gebühr zu vergrößern, während König Friedrich Wilhelm III. in seiner angeborenen Bescheidenheit, ja Schüchternheit nichts that, um die seinem Staate zukommende Machtstellung zur Geltung zu bringen.

So mag es sich erklären, daß nur ganz vereinzelte Stimmen,

— 44 —

und auch diese nur halbschüchtern, Preußens Anspruch auf eine beherrschende Stellung in Deutschland und den Wert einer solchen für die Nation zu betonen wagten.

Einen merkwürdigen Kontrast zu der Unsicherheit und Unreife, welche sich in den Wünschen der damaligen Zeit betreffs der künftigen Regierungsform Deutschlands zeigt, bildet die überraschende Einmütigkeit und der praktische Takt der öffentlichen Meinung rücksichtlich derjenigen Forderungen, welche sich auf die ihrer Natur nach gemeinsamen Interessen der Nation beziehen. Allgemeine, gleiche Wehrpflicht samt Landwehr, gemeinsame Gesandtschaften und Konsulate im Auslande, ein oberstes Bundesgericht, eine allgemeine deutsche Rechtsgesetzgebung, gleichartige, zeitgemäße Verfassungen in allen Einzelstaaten, freier Verkehr durch ganz Deutschland und eine gemeinsame Handelspolitik nach außen, Gleichheit der Münzen, Maße und Gewichte, ein allgemeines Reichsbürgerrecht — kurz, nahezu alles, was wir heutzutage in unserem neuen Deutschen Reiche haben und genießen, erscheint bereits damals, einzeln oder auf einmal, in den vielerlei Wunschzetteln, die sich vertrauensvoll an die deutschen Fürsten oder an die verbündeten Mächte richten.

Wie wird diesem Vertrauen der Nation entsprochen werden?*)

XVI.
Vereitelung der einheitlichen Hoffnungen und Verfolgung der einheitlichen Bestrebungen.

Während die edelsten deutschen Patrioten sich noch mit weitgehenden Hoffnungen in betreff einer festeren Gestaltung des Gesamtvaterlandes trugen, war allen diesen Hoffnungen bereits der Lebenskeim geknickt. Eine schlaue Diplomatie hatte von langer Hand her dafür gesorgt, daß der Einheitsgedanke selbst in seiner bescheidensten Form auf unabsehbare Zeit hin ein bloßer schöner Traum bleiben sollte.

Kaiser Franz von Österreich hatte schon bei den Verhandlungen zu Kalisch im Februar 1813 erklären lassen, daß er entschlossen sei, die deutsche Kaiserkrone, auch wenn sie ihm angetragen würde, nicht

---

*) S. D. V.- u. K.-Gesch., 3. Teil, S. 160, und des Vf.s „Fünfundzwanzig Jahre deutscher Geschichte 1815—1840", 1. Bd. S. 53 ff.

anzunehmen. Aber ebenso entschlossen war die österreichische Regierung und deren Leiter, Fürst Metternich, nicht zuzugeben, daß etwa Preußen einen beherrschenden Einfluß in Deutschland erlange. Als das sicherste Mittel zu diesem Zweck erschien es, wenn den Rheinbundskönigen die von Napoleon ihnen verliehene Sou= veränität als unantastbar verbürgt würde. Denn diese Sou= veränität würde sich ebenso sehr gegen nationale wie gegen liberale Maßregeln sträuben, falls Preußen etwa durch solche die öffentliche Meinung für sich zu gewinnen suchen sollte. Die Gelegenheit zur Anwendung einer solchen Politik bot sich, als Österreich nach längerem Zögern im Sommer 1813 dem Bündnis gegen Napoleon beitrat. Gewissermaßen zur Vorbedingung dieses Beitritts machte es die österreichische Regierung, daß die Verbündeten auch Bayern von Napoleon ab= und zu sich herüberzuziehen suchen müßten. Zu dem Ende ließ sie sich von ihren Mitverbündeten Vollmacht geben, mit Bayern zu unterhandeln, und letztere waren harmlos genug, dies vorbehaltlos zu thun. Bayern ward auch gewonnen, aber um welchen Preis! Gegen die bestimmte Zusage der „Unverletz= lichkeit seiner vollen Souveränität!"

Daß Bayern nur um diesen Preis zu haben gewesen wäre, wie österreichische Stimmen behaupteten, ward durch eine Denkschrift der bayerischen Regierung widerlegt, worin diese sich wegen ihres Abfalles von Napoleon mit der Erklärung rechtfertigte, „sie habe sich in einer Notlage befunden und nicht anders handeln können."

Ein ähnlicher Vertrag ward mit Württemberg geschlossen, dieser sogar erst nach der Leipziger Schlacht.

Damit noch nicht zufrieden, veranlaßte Österreich, daß in den Frieden vom 30. Mai 1814, den die Verbündeten mit Frankreich schlossen, die Bestimmung aufgenommen ward: „Die deutschen Staaten werden unabhängig und nur durch ein födera= tives Band verknüpft sein."

Es ist wohl unerhört in der Geschichte, daß ein zwischen dem Sieger und dem Besiegten geschlossener Friedensvertrag eine Be= stimmung enthält, welche so tief in die inneren Landesangelegen= heiten des Siegers eingreift und demselben eine so weitgehende Be= schränkung seiner freien Verfügung über diese auferlegt.

Metternich hatte nur zu richtig gerechnet. Bei Beratung der deutschen Bundesakte wurden alle die höchst dankenswerten Vor=

schläge, die Preußen teils im nationalen, teils im liberalen Sinne machte (Gleichheit der Münzen, Regelung des Zoll- und Postwesens durch den Bund, ein deutsches Gesetzbuch, Zuerteilung bestimmter Rechte an die Unterthanen, Einführung gleichmäßiger Verfassungen in allen Bundesstaaten mit einem Mindestmaß ständiger Befugnisse), seitens der süddeutschen Könige von Napoleons Gnaden kurzer Hand unter Berufung auf die ihnen verbürgte „Souveränität" abgelehnt. Ebenfalls im Namen dieser „Souveränität" forderten und erlangten die beiden Rheinbundskönige die Aufnahme jenes, im westfälischen Frieden den deutschen Fürsten zuerteilten, wahrhaft vaterlandsverräterischen Rechts der „Bündnisse mit Auswärtigen" auch in die deutsche Bundesakte. So ward Deutschland nach der gewaltigen Erhebung von 1813 wieder nahezu in denselben Zustand versetzt, in dem es zur Zeit des verfallenden alten Reichs gewesen, in den Zustand einer nur lose verbundenen Masse von einzelnen Staaten ohne ein straffes, sie einigendes Band, ohne nationale Einrichtungen, ohnmächtig nach außen, unfrei im Innern, gefesselt an den starren Begriff „fürstlicher Souveränität" und an den beherrschenden Einfluß der ebenso einheits- wie freiheitsfeindlichen Metternichschen Politik! Der Einheitsgedanke zog sich zurück in die geheime Gefühlswelt einer kleinen Anzahl tapferer Patrioten; wo er sich aber ans Licht hervorwagte, wie in der deutschen Burschenschaft, da fiel er einer unerbittlichen, oftmals selbst grausamen Verfolgung anheim *).

XVII.
Ersterben des nationalen Geistes im deutschen Volke und Rückfall in ein vaterlandsloses Allerweltsbürgertum.

Nahezu ein volles Vierteljahrhundert lang schlummerte der deutsche Einheitsgedanke wie verzaubert. Für die freiheitlichen Wünsche, soweit sie das engere Vaterland betrafen, und gegen die denselben feindliche Politik des Bundestags ward in der Presse und in den allmählich doch zustande gekommenen Volksvertretungen manches mannhafte Wort gesprochen; die großen nationalen Anliegen dagegen schienen selbst den einsichtigsten und mutigsten Red-

---

*) S. die „Fünfundzwanzig Jahre", 1. Bd. S. 63 ff., 134 ff., 2. Bd. S. 121 ff., 230 ff. D. V.- u. K.-Gesch., 3. Teil, S. 108 ff.

nern und Schriftstellern entweder unbekannte Dinge oder ein vor=
sichtig zu meidendes „Rühr' mich nicht an!" zu sein. Der Deutsche
gewöhnte sich daran, den Vorgängen im eigenen großen Vaterlande
kein oder nur ein geringes Interesse zu widmen, dagegen den Freuden
und Leiden anderer Völker ein um so lebhafteres Mitgefühl zu=
zuwenden. Er ward wieder „Weltbürger", „Kosmopolit", wie er
es vordem gewesen, und dünkte sich wohl gar noch viel damit. Er
begeisterte sich für den Freiheitskampf erst der südamerikanischen
Kolonieen gegen die Tyrannei des Mutterlandes Spanien, dann
der Spanier gegen die Tyrannei ihres eigenen Fürsten; er schwärmte
für das todesmutige Ringen der Griechen mit ihren Bedrängern,
den Türken, und später für das der Polen mit dem russischen
Despotismus. Deutsche Dichter sangen schwungvolle Lieder zum
Preise der „Mütter der Mainotten" und der „letzten Zehn vom
vierten Regiment". Daß ihr eigenes deutsches Vaterland von der
Höhe, auf welche 1813—1815 die Kraft des deutschen Volkes es
erhoben, seitdem tiefer und tiefer herabgesunken und schließlich
wirklich fast zu dem geworden war, als was Fürst Metternich es
bezeichnet hatte, zu einem „bloßen geographischen Begriffe"
— darein ergaben sich selbst die wärmsten Patrioten mit einer an
Fatalismus grenzenden Resignation.

Auch die im Jahre 1830 durch den Rückschlag der französischen
Julirevolution in Deutschland erzeugte Bewegung brachte, was das
nationale Moment betraf, keinen Wandel darin hervor. Wohl ent=
standen in Norddeutschland eine Anzahl neuer Landesverfassungen;
wohl begann in der Presse und in den parlamentarischen Versamm=
lungen des Südens ein frischeres Leben sich zu regen; allein darauf
blieb auch die Erregung der Gemüter, blieben die Bestrebungen selbst
der liberalsten Politiker beschränkt. Von einem deutschen Ge=
samtinteresse, von dem Bedürfnis einer größeren Einheit Deutsch=
lands ist in allen den lebhaften Verhandlungen der süddeutschen
Kammern, in allen den feurigen Reden eines Rotteck, Welcker, Itz=
stein, Behr u. a. kaum irgendwie die Rede. Wenn in der badischen
Volkskammer ein Redner die Worte sprach: „Das deutsche Herz
huldigt mit eid= und pflichtgemäßer Ergebenheit (!) der deutschen
Nation, mit welcher der Badenser durch das Blut, die Sprache, den
Himmel und so manches andere kostbare Band der Vergangenheit
und Gegenwart verknüpft ist." so verrieten eben diese Worte, wie

sehr der Redner sich vor allem als Badenser, nicht als Deutscher fühlte.

Darüber darf man sich auch nicht durch solche Anträge täuschen lassen, welche, wie der von Welcker in der badischen oder der von Pfizer in der württembergischen Kammer gestellte, scheinbar auf eine Reform des Deutschen Bundes gehen, indem sie entweder „eine Volksvertretung am Bundestage" oder eine gesetzliche Mitwirkung der Landesvertretungen zu den Instruktionen der Bundestags= gesandten verlangen. Denn bei solchen und ähnlichen Anträgen ist es nicht auf eine Umgestaltung des föderativen Bundes in irgend welche einheitliche Verfassung, sondern lediglich auf eine Abwehr der unfreisinnigen Politik des Bundestages durch ein parlamentarisches Gegengewicht abgesehen.

Eine einzige Stimme wagte damals den Gedanken einer „preu= ßischen Hegemonie über Deutschland" wenigstens anzuregen: es geschah dies in einer Schrift von Paul Pfizer unter dem Titel: „Briefwechsel zweier Deutschen" (1831). Allein noch auf lange hin blieb dies die Stimme eines Predigers in der Wüste.

Bei einem Rückblick auf die starke einheitliche Strömung der Jahre 1813 ff. erscheint uns diese Abkehr der Gemüter von dem nationalen Gedanken schwer verständlich. Und doch erklärt sich die= selbe aus den Verhältnissen, wie sie damals waren. Durch die Politik der Heiligen Allianz, welcher an der Seite Rußlands Öster= reich und Preußen huldigten, war zwischen den beiden deutschen Großmächten und den kleineren Verfassungsstaaten, zumal den Be= völkerungen dieser letzteren, eine tiefe Kluft entstanden. Im ganzen konstitutionellen Deutschland war Preußen kaum weniger verhaßt als Österreich, ja fast noch mehr, weil man von ihm einen solchen starken Widerstand gegen die Strömungen der Zeit viel weniger erwartet hatte, als von dem, seiner Natur nach auf eine mehr konservative Politik angewiesenen Österreich.

Noch ein anderer Umstand kam hinzu. Eine äußere Gefahr, welche das Nationalgefühl hätte anspannen können, gab es nicht. Frankreich, sonst wohl eine stete Drohung für Deutschland, hatte unter dem bourbonischen Regiment (ohnehin erschöpft durch die langen Napoleonischen Kriege) eine durchaus friedliche Politik ein= gehalten. Infolge dieser friedlichen Haltung, und als dasjenige Land, welches zuerst auf dem Kontinent ein Verfassungsstaat und damit eine Art von Vorbild für die kleineren deutschen Staaten geworden war, übte es sogar eine gewisse Anziehungskraft auf die Liberalen in Deutschland. Einem Hauptvertreter des süddeutschen Liberalismus, Rotteck, ward die Äußerung in den Mund gelegt: „Bei einem Kriege der absolutistischen Nordmächte gegen das konstitutionelle Frankreich müsse ein deutscher Liberaler mit seinen Sympathieen auf Seiten des letzteren stehen." Das Hambacher Fest am 27. Mai 1832, obschon als ein „deutsches Nationalfest" angekündigt, war in Wahrheit ein Fest der Völkerverbrüderung, ein internationales Fest, denn neben den deutschen Fahnen wehten französische und polnische, und neben den deutschen Rednern traten auch solche aus diesen beiden Ländern auf die Tribüne.

Nicht unerwähnt jedoch darf eine wackere deutsche Stimme bleiben, die sich bei diesem Feste vernehmen ließ. Der als entschieden freisinniger Publicist bekannte Schriftsteller Wirth wünschte zwar auch „eine brüderliche Vereinigung der deutschen Patrioten mit den Patrioten aller Länder", aber nur unter einer unerläßlichen Vorbedingung. „Die Franzosen," sagte er, „wollen keine Reform Deutschlands, oder doch nur um den Preis des linken Rheinufers. Auch die liberale Propaganda in Frankreich will nur um diesen Preis die Bestrebungen des Freiheitsbundes in Deutschland unterstützen. Daß wir unsererseits mit einer Abtretung des linken Rheinufers an Frankreich selbst die Freiheit nicht erkaufen wollen, daß vielmehr bei jedem Versuche Frankreichs, eine Scholle deutschen Bodens zu erobern, auf der Stelle alle Opposition im Innern schweigen und ganz Deutschland sich gegen Frankreich erheben würde und müßte, daß die dann zu erhoffende Wiederbefreiung unseres deutschen Vaterlandes umgekehrt die Wiedervereinigung von Elsaß und Lothringen wahrscheinlich zur Folge haben würde — über alles dieses kann unter Deutschen nur Eine Stimme herrschen." Welch' prophetische Worte!

Frankfurter Patrioten überreichten ihm zum Dank für diese echt deutsche Rede ein Ehrenschwert; das Zuchtpolizeigericht zu Zweibrücken dagegen verurteilte ihn zu zwei Jahren Gefängnis*).

---

*) S. die „Fünfundzwanzig Jahre", 2. Bd. S. 165 ff., 201 f., 204 ff., „T. V.- u. R.-Gesch.", 3. Teil, S. 183.

XVIII.
Die wirtschaftliche Einigung Deutschlands als Vorläuferin der politischen: Zollverein und Eisenbahnen.

Der erste Anstoß zur Wiederbelebung des Einheitsgedankens erfolgte nicht auf politischem, sondern auf wirtschaftlichem Gebiete; er ging aus vom preußisch-deutschen Zollverein und von der Errichung eines deutschen Eisenbahnnetzes. Beide Ereignisse fallen in das Jahr 1834.

Der Zollverein, der sogleich bei seinem Entstehen ein Gebiet von 7719 Quadratmeilen mit einer Bevölkerung von über 23 Millionen, im Jahre 1842 bereits 8245 Quadratmeilen und 28 $^1/_2$ Millionen Einwohner umfaßte, somit den weitaus größten Teil von Deutschland durch freien Verkehr im Innern und eine gemeinsame Handelspolitik nach außen zu einer wirtschaftlichen Einheit verband, war ein nationaler Act ersten Ranges.

Von ganz besonderer Bedeutung war dabei die Art, wie der Zollverein zustande kam. Es geschah dies durch den Anschluß der Staaten zweiten und dritten Ranges an Preußen, während Österreich nicht einmal den Versuch machte, der Mittelpunkt einer derartigen wirtschaftlichen Vereinigung zu werden. Das zeigte recht augenfällig, daß die Verhältnisse Preußens auf einem der wichtigsten Gebiete des öffentlichen Lebens, dem wirtschaftlichen, mit denen der kleineren Staaten in eben dem Maße gleichartige waren, wie die Österreichs ungleichartige. Damit war einer künftigen politischen Umgestaltung des deutschen Staatenbundes der richtige Weg gewiesen.

Die hohe Wichtigkeit dieses Ereignisses erkannte selbst das Ausland an. Der berühmte französische Nationalökonom Michel Chevalier sprach sich darüber folgendermaßen aus:

„In der europäischen Politik weiß ich nichts Merkwürdigeres, als die Wiederherstellung der Einheit Deutschlands. Welch' prächtiges Gemälde, das eines großen Volkes, dessen Trümmer sich nähern, das zur Nationalität, d. h. zum Leben zurückkehrt. Das ist eine Thatsache von solcher Bedeutung, daß, wenn sie vollständiger wäre, sogleich ein neuer Schwerpunkt des europäischen Gleichgewichts daraus erfolgen würde."

Zwar nicht ganz so entschieden wie der Zollverein, immerhin aber auch in mehr als einer Beziehung nicht erfolglos arbeitete die

Verzweigung eines Eisenbahnnetzes über ganz Deutschland (dessen Anfang der Bau der Linie Leipzig-Dresden war) einer Einigung der deutschen Nation vor. Zunächst indirekt insofern, als die vielfachen Hindernisse, welche einer zweckmäßigen, den Bedürfnissen des großen Verkehrs entsprechenden Führung der einzelnen Bahnlinien durch das Vorwalten von Sonderinteressen einzelner Länder, ja auch einzelner Fürsten geschaffen wurden, in recht greifbarer Weise die Nachteile der Vielstaaterei in der unbeschränkten Weise, wie sie damals bestand, an den Tag brachten, aber auch direkt dadurch, daß die so außerordentlich erleichterten Reisegelegenheiten viel häufigere Berührungen der verschiedenen deutschen Bevölkerungen und damit so manche Annäherung der Gemüter und so manche Beseitigung langjähriger Vorurteile der einen gegen die andere zur Folge hatten. Und so mochte mit gutem Fug der deutsch-ungarische Dichter Karl Beck — gegenüber der landläufigen Auffassung der Eisenbahnaktien als bloßer Mittel materieller Spekulation — ausrufen:

> Mir sind die Papiere Noten,
> Ausgestellt auf Deutschlands Einheit;
> Diese Schienen — Hochzeitsbänder,
> Trauungsringe, blank gegossen;
> Liebend tauschen sie die Länder,
> Und die Ehe wird geschlossen*).

XIX.
Wiederbelebung des nationalen Gedankens im Jahre 1840 durch den Thronwechsel in Preußen und die Kriegsdrohungen Frankreichs.

Durch Zollverein und Eisenbahnen war einer Wiederbelebung des nationalen Gedankens vorgearbeitet, das Gefühl der Zusammengehörigkeit in weiten Kreisen der Bevölkerung angeregt worden. Auch ein, zunächst die freiheitlichen Interessen berührender Vorgang, der hannöverische Staatsstreich vom Jahre 1837, hatte insofern eine nationale Seite, als er den Mangel solcher einheitlicher Einrichtungen, welche zum Schutze der Freiheitsrechte in den einzelnen Bundesstaaten hätten dienen können (wie das 1814 von Preußen beantragte „Bundesgericht") schmerzlich empfinden ließ. Aber

---
*) S. „T. V." u. R.-Gesch.", 3. Teil, S. 185 ff., „Fünfundzwanzig Jahre", 2. Bd. S. 240 ff., 260 ff.

erst im Jahre 1840 fand eine allgemeine und bewußte Hinlenkung der Gemüter auf dringende nationale Anliegen und Bedürfnisse statt.

Zwei Vorgänge trugen dazu wesentlich bei, ein jeder einzeln für sich und mehr noch beide in ihrem Zusammentreffen: ein Thronwechsel in Preußen und eine Kriegsbrohung Frankreichs. Jener weckte die lange entschlummerten Hoffnungen des preußischen Volkes auf Erlangung von Reichsständen wieder auf und rückte damit zugleich die Möglichkeit einer Befreundung Preußens mit den deutschen Verfassungsstaaten und umgekehrt näher; dieser spannte (wie jede äußere Gefahr) das Nationalgefühl aufs stärkste an. Das Beckersche Rheinlied mit dem immer wiederholten Proteste:

„Sie sollen ihn nicht haben,
Den freien deutschen Rhein!"

flog von Land zu Land, von Stadt zu Stadt und ward zu einer Art von Nationalhymne des ganzen deutschen Volkes.

Die Kriegsgefahr ging vorüber — zum Teil infolge eben dieser Kundgebungen des deutschen Einheitsgeistes, welche den Franzosen die Täuschung benahmen, als würden sie bei einem Angriffe auf Deutschland dieses in sich gespalten, uneins finden — dagegen blieb die dadurch erzeugte patriotische Erregung. Zum Teil suchte und fand diese eine Befriedigung in gewissen idealen Bestrebungen, wie in der Agitation für den Ausbau des Kölner Doms als eines Meisterwerkes deutscher Kunst und für die Aufrichtung eines Denkmals für Hermann den Cherusker, den Befreier Deutschlands von der Römerherrschaft; zum Teil aber warf sie sich auch auf sehr praktische Fragen. Die Mangelhaftigkeit der Bundeskriegsverfassung, die von einer Gleichmäßigkeit der Ausübung, Ausrüstung und Aushebung der Mannschaften, von einer Einheitlichkeit des Kalibers, der Kommandos u. s. w. nichts wußte, hatte Kennern des Kriegswesens schon längst schwere Bedenken erregt, jetzt — angesichts der Möglichkeit eines drohenden Krieges mit Frankreich — kam sie auch weiteren Kreisen des Volkes zum Bewußtsein. Mit Genugthuung ward es von der öffentlichen Meinung begrüßt, daß auf Preußens Betrieb wenigstens regelmäßige gegenseitige Musterungen der verschiedenen Bundeskontingente angeordnet, daß die 1815 aus der französischen Kriegsentschädigung den deutschen Mächten zur Errichtung von Festungen am Oberrhein übergebenen, aber bis jetzt bei Rothschild zinstragend angelegten 60 Millionen Mark endlich ihrer wahren Bestimmung zugeführt wurden.

Andere Wünsche im Sinne größerer Einheit richteten sich auf das nationale Verkehrswesen. Vieles war hier schon erreicht durch den Zollverein, aber manches blieb noch zu thun, z. B. eine gemeinsame Vertretung der Zollvereinsindustrie durch „Zollvereinskonsuln" im Auslande, eine größere Gleichheit der Münzen, Maße, Gewichte u. dgl. m. Ebendamals begann unter den deutschen, besonders den süddeutschen Fabrikanten eine schutzzöllnerische Bewegung, zum Teil veranlaßt durch die Peelschen Reformen in England, deren Rückwirkung auf Deutschland man fürchtete. „Schutz der nationalen Arbeit" ward in diesen Kreisen die allgemeine Losung. Besondere Vereine der Industriellen bildeten sich zur Unterstützung solcher Wünsche. An die Spitze dieser Bewegung stellte sich ein Mann, der schon bei Beginn des Baues von Eisenbahnen das Princip der Einheitlichkeit kräftig, leider vergeblich, vertreten hatte, Friedrich List. Er schrieb sein epochemachendes „Nationales System der politischen Ökonomie", worin er die Herstellung eines Systems höherer Schutzzölle, besonders gegen England, als das notwendige Mittel einer Selbständigmachung der deutschen Industrie verteidigte. Zugleich sprach er in diesem Buche manche kühne Wünsche aus, Wünsche, die freilich erst nach einem Menschenalter oder noch später zur Wahrheit geworden sind, z. B. nach einer deutschen Kriegsflotte und nach deutschen Kolonien.

Auch auf dem Gebiete der Rechtsgesetzgebung machte sich der nationale Gedanke geltend teils in Versammlungen der deutschen Rechtsanwälte, welche von der praktischen, teils in solchen der Germanisten, welche von der geschichtlich-nationalen Seite dessen Berechtigung verfochten. Jene eiferten für die Herstellung einheitlicher Gesetze über bürgerliches und Strafrecht, bürgerlichen und peinlichen Prozeß; diese erinnerten an die urgermanischen Einrichtungen des öffentlich-mündlichen Gerichts und der Zuziehung von Schöffen oder Geschworenen. Und wenn diese letztgenannten Versammlungen das eine Mal im Römer zu Frankfurt a. M., ein anderes Mal in der alten Hauptstadt der Hansa, Lübeck, tagten, so konnte es nicht ausbleiben, daß dabei das Gedächtnis der alten Größe bald des deutschen Kaisertums und bald des seebeherrschenden Städtebundes der Hansa lebendig ward.

So drang der nationale Gedanke in alle Poren des deutschen Volkskörpers, in alle Räume des öffentlichen, ja auch des wissenschaftlichen Lebens ein. Endlich wagte sich derselbe auch an die heikle Frage der deutschen Verfassung. Einer engeren politischen Verbindung der kleinen Staaten mit Preußen hatten bisher — trotz der schon so lange bestehenden und als so segensreich erprobten wirtschaftlichen Annäherung durch den Zollverein — zwei Hindernisse entgegengestanden. In den mit Verfassungen begabten Ländern fürchtete man eine Beeinträchtigung dieser Verfassungen durch eine Berührung mit dem in den Formen eines starren Absolutismus beharrenden Preußen. In Preußen umgekehrt erklärte man einen Übergang dieses Staates zu konstitutionellen Einrichtungen für unthunlich, weil Preußen als eine Großmacht sich den anderen Großmächten — bei seinen so viel geringeren materiellen Machtmitteln — nur dann als ebenbürtig zur Seite stellen könne, wenn diese Machtmittel in Einer Hand straff zusammengefaßt, nicht den ungewissen und wandelbaren Einflüssen parlamentarischer Mehrheiten preisgegeben würden.

Nun war aber trotz alledem im preußischen Volke der Drang nach konstitutionellen Einrichtungen erwacht und forderte Befriedigung. Auf der anderen Seite hatte die drohende Kriegsgefahr in allen, besonders in den kleineren deutschen Staaten das Bedürfnis eines engeren nationalen Zusammenschlusses gezeigt. Wenn nun einerseits durch den Eintritt Preußens in die Reihe der Verfassungsstaaten eine Annäherung dieser letzteren an den Großstaat erleichtert, wenn andererseits durch eben diese engere Verbindung des ganzen nichtösterreichischen Deutschlands mit Preußen dieses letztere dermaßen gekräftigt würde, daß die ihm dadurch zur Verfügung gestellten Machtmittel zur Behauptung seiner Großmachtstellung ausreichten, sollten dann nicht jene Bedenken von hüben und drüben schwinden?

Dieser Gedankengang führte in der That — zunächst in der Presse — zu einer größeren Annäherung zwischen Preußen und dem konstitutionellen Deutschland. Den ersten Schritt in dieser Richtung that von Preußen aus Herr von Bülow-Cummerow, ein älterer, durchaus konservativer pommerscher Edelmann, in einer Schrift unter dem Titel: „Preußen, seine Verfassung, seine Verwaltung, sein Verhältnis zu Deutschland." Ihm antworteten im gleichen Sinne ein

Vertreter des süddeutschen Liberalismus, jener Paul Pfizer, der schon 1831 die Idee einer „preußischen Hegemonie" angeregt hatte und diese jetzt nachdrücklicher betonte in seinen „Betrachtungen über Recht, Staat und Kirche", dann der Präsident der braunschweigischen Volkskammer Steinacker in der Schrift „über das Verhältnis Preußens zu Deutschland", endlich aus Sachsen der Verfasser des gegenwärtigen Schriftchens in seiner, 1842 begründeten, „Deutschen Monatsschrift".

Leider nur sahen sich alle diese Wünsche eines engeren Anschlusses der deutschen Verfassungsstaaten an die preußische Vormacht, soweit sie sich auf einen inneren Umschwung der preußischen Zustände gründeten, gar bald schmerzlich enttäuscht durch das schwankende Verfahren des Königs Friedrich Wilhelms IV., welches den von ihm erhofften und anfänglich auch eingetretenen Fortschritt nur zu bald erst in Stillstand, allmählich in Rückschritt verwandelte. Damit war dem deutschen Einheitsgedanken abermals der Lebensnerv unterbunden *).

XX.
Neuer Anstoß zu einer nationalen Bewegung durch die schleswig-holsteinische Frage.

Der nationale Gedanke, der sich seit 1840 so kräftig geregt hatte, schien in Gefahr, wieder einzuschlummern, da kam ihm eine neue Anregung von anderer Seite her zu Hülfe.

Das Einvernehmen der Herzogtümer Schleswig und Holstein mit dem Königreich Dänemark, mit dem sie durch sog. Personalunion, d. h. durch die Person des gemeinsamen Herrschers verbunden waren, war lange ein gutes gewesen, hatte sich jedoch in letzter Zeit durch mancherlei Vorkommnisse getrübt. Jetzt nun schienen die Dänen einen Gewaltstreich üben, Schleswig aus seiner unvordenklichen Verbindung mit Holstein herausreißen und der dänischen Monarchie als Provinz einverleiben zu wollen. In solchem Sinne ward in der dänischen Ständeversammlung zu Roeskilde 1844 ein Antrag gestellt und in einem sogenannten „Offenen Briefe" König Christians VIII. von 1846 diesem Antrage beigepflichtet.

Das Rechtsverhältnis der Herzogtümer zu Dänemark beruhte auf einem uralten Vertrage aus dem Jahre 1460, durch welchen die

---
*) S. des Vf.'s „Dreißig Jahre deutscher Geschichte, 1840—71," 1. Bd. S. 80 ff.

schleswig-holsteinische Ritterschaft als Vertreterin der beiden Länder den König von Dänemark zum Herzog von Schleswig und Grafen von Holstein gewählt, gleichzeitig aber sich feierlich hatte gewährleisten lassen, 1. daß beide Länder für immer ungetrennt, 2. daß sie von dem Königreich unabhängige Staaten bleiben, 3. daß in ihnen die männliche Erbfolgeordnung nach deutschem Fürstenrecht bestehen solle. Dieser Vertrag, die sog. „Unionsverfassung Dänemarks und Schleswig-Holsteins," lange Zeit dem Gedächtnis des jüngeren Geschlechts entschwunden, war von einem schleswig-holsteinischen Patrioten, Uwe Lornsen, wieder ans Licht gezogen worden. Er bot eine treffliche Waffe zur Bekämpfung jenes dänischen Angriffs auf die Unabhängigkeit und Zusammengehörigkeit der Herzogtümer. Die Ständeversammlungen Schleswigs und Holsteins erhoben laute Proteste gegen die in dem „Offenen Briefe" angedeuteten Absichten, und als die königlichen Kommissarien jede Erörterung dieses königlichen Erlasses für unstatthaft erklärten, lösten beide Versammlungen unter neuen Protesten gegen diese Vergewaltigung sich auf und trugen so die Bewegung ins Volk hinein. In der Presse und in Volksversammlungen ward das gute Recht der Herzogtümer, ward ihr Interesse als deutsche Länder mannhaft verfochten. Alle Stände, Adel wie Bürgertum, standen dabei fest zusammen. Die Dichtkunst verlieh auch jetzt, wie 1840 bei den Drohungen Frankreichs, der Abwehr fremden Übermuts die Weihe patriotischer Empfindung; wie damals das Rheinlied, so ward jetzt das „Schleswig-Holsteinlied" zur Nationalhymne; von der Nord- und Ostsee bis zu den Alpen hörte man die stolze Mahnung erklingen:

„Schleswig-Holstein, meerumschlungen,
Deutscher Sitte hehre Wacht,
Wahre treu, was schwer errungen,
Bis ein schön'rer Morgen lacht!
Schleswig-Holstein, stammverwandt,
Wanke nicht, mein Vaterland!"

So groß war die Erregung, die durch ganz Deutschland ging, daß selbst der Bundestag, der sich beim hannöverschen Staatsstreich für „inkompetent" (unzuständig) erklärt hatte, diesmal das Gleiche zu thun nicht wagte, vielmehr am 26. September 1846 einen Beschluß faßte, worin er „die Rechte Deutschlands auf Holstein und Holsteins auf Schleswig wahrte", „weitere Schritte aber sich vorbehielt" *).

XXI.
Nochmalige Hoffnungen auf Preußen: der „erste preußische Reichstag".

Noch war die Erregung, welche die schleswig-holsteinische Sache hervorgebracht hatte, nicht verklungen, da schien es, als sollte von der Stelle aus, wo doch der eigentliche Hort und Halt aller nationalen Hoffnungen zu finden war, von Preußen aus, ein wesentlicher Schritt auf dem Wege der Einheit gethan werden. Am 3. Februar 1847 erschien ein königliches „Patent", welches sämtliche Provinziallandtage der Monarchie auf den 10. April zu einem „Vereinigten Landtage" nach Berlin berief. Die Überraschung, aber auch Befriedigung, welche dieses Patent bei allen Patrioten hervorrief, war groß. Da hatte man ja die langverheißenen preußischen Reichsstände, die vielersehnte Annäherung Preußens an die deutschen Verfassungsstaaten und damit, wie zu hoffen stand, wenigstens den Anfang einer Konsolidation Deutschlands. Die Sache kam so plötzlich, so unerwartet, daß man geneigt war, das Ganze für einen jener raschen Entschlüsse des Königs zu halten, die mehr einer augenblicklichen Aufwallung, als einer sorgsam vorbedachten Erwägung zu entspringen schienen. (Erst viel später hat man erfahren, daß es ein von langer Hand vorbereiteter Plan war, der nur verspätet ins Leben trat.

Der König in seiner Unberechenbarkeit hatte in derselben Zeit, wo er alle Anträge von Provinzialständen auf die Erfüllung der väterlichen Zusage vom 22. Mai 1815 schroff zurückwies, selbst Hand an den Entwurf einer Verfassung für Preußen gelegt; er hatte sich dann Entwürfe von Vertrauten und Ministern ausarbeiten lassen, hatte trotz der Abmahnungen von Wien und Petersburg aus und trotz der Bedenken, welche manche seiner Ratgeber und namentlich die Prinzen erhoben, auf seinem Entschlusse beharrt, aber dann wiederum, wie es seine Art war, mit der Ausführung jahrelang gezögert.

Gänzlich zufriedengestellt freilich fanden sich auch jetzt noch viele durch die königliche Gabe keineswegs. Man verglich die Rechte,

---
*) S. die „Dreißig Jahre", 1. Bd. S. 164 ff.

welche dem Vereinigten Landtag in dem Patente zuerkannt waren, mit denen, welche als die notwendigen Attribute von „Reichsständen" erschienen, ja auch mit denen, welche das Staatsschuldengesetz von 1820 solchen, sobald sie ins Leben träten, ausdrücklich beigelegt hatte, und man fand, daß namentlich diese letzten Rechte, die gesetzlich verbrieft waren, gewissermaßen preisgegeben würden, wenn das preußische Volk das viel unzureichendere Zugeständnis annähme, welches das Patent enthielt — ganz abgesehen davon, daß eine solche freie Gabe auch wieder zurückgenommen werden könnte. Eine mit großem Scharfsinn abgefaßte Schrift: „Annehmen oder Ablehnen?" von Heinrich Simon riet entschieden zu letzterem. Die Mitglieder der Provinzialstände dachten jedoch praktischer; sie stellten sich vollzählig in Berlin ein und traten zu dem „Vereinigten Landtag" zusammen. Der Volksmund bezeichnete denselben als „ersten preußischen Reichstag".

Leider waren alle Anstrengungen, welche die Mehrheit der Versammlung, zum Teil eine sehr ansehnliche Mehrheit, in der Richtung machte, um vom König eine Erweiterung der in dem Patent gewährten Rechte, insbesondere die Zusage einer regelmäßigen Wiederkehr des Vereinigten Landtages zu erlangen, erfolglos; alles, was erreicht ward, war das Versprechen des Königs, die Versammlung versuchsweise in spätestens vier Jahren wieder einmal einzuberufen.

Damit war die so nahegelegte Möglichkeit verscherzt, durch einen Ausbau der Verfassung auf der Grundlage der so gemäßigten Anträge des Vereinigten Landtages Preußen an die Spitze der nationalen Bewegung in Deutschland zu stellen und einen friedlichen Übergang zu einer zeitgemäßen Reform sowohl in Preußen als in ganz Deutschland anzubahnen*).

XXII.
Die nationale Erhebung des Jahres 1848; das erste deutsche Parlament und eine Reichsverfassung — auf dem Papier.

Nachdem die deutschen Regierungen es versäumt hatten, durch zeitgemäße Reformen nach der freiheitlichen und einheitlichen Seite

---
*) S. die „Dreißig Jahre", 1. Bd. S. 172 ff., 202 ff.

hin die in beiderlei Hinsicht immer höher steigende Ungeduld ihrer
Völker zu befriedigen, war vorauszusehen, daß wiederum, wie 1830,
ein gewaltsamer Ausbruch in einem Nachbarlande seinen Rück=
schlag auf Deutschland üben werde. Und so geschah es in der
That. Die französische Februarrevolution des Jahres 1848, welche
nicht bloß, wie die von 1830, eine Dynastie mit einer andern,
sondern das Königtum mit der Republik vertauschte, wirkte eben
darum auch viel stärker als jene frühere nach Deutschland herüber.
Sie fand hier einen hochangehäuften Zündstoff der Unzufriedenheit.
So kam es, daß die Bewegung mit Blitzesschnelle wie ein elektrischer
Funke sich von Land zu Land fortpflanzte und daß weder der Bundes=
tag noch die einzelnen Regierungen ihr Einhalt zu thun vermochten
oder auch nur wagten. Der Bundestag, ähnlich einem alten
Sünder, der aus Furcht vor dem Tode Buße thut, rief in hoch=
tönenden Proklamationen das „Vertrauen" der Nation an, das er
durch seine dreißigjährige volksfeindliche Wirksamkeit so schnöde
verscherzt hatte, gab die so lange von ihm geknebelte Presse frei,
erklärte die von ihm so hart verpönten und so grausam verfolgten
Farben Schwarz=Rot=Gold für die Farben des Bundes und pflanzte
eine Fahne mit dem schwarzen Reichsadler im goldenen Felde auf
seinem Palaste auf, ja ging zuletzt so weit, die Regierungen auf=
zufordern, sie möchten „Vertrauensmänner" (d. h. Männer weniger
ihres, als des öffentlichen Vertrauens) nach Frankfurt entsenden,
um mit dem Bundestage eine neue Verfassung für Deutschland zu
beraten. Die einzelnen Fürsten aber, entweder in dem Bewußtsein,
teils durch Versäumnisse, teils durch positive Thaten sich gegen ihre
wahren Regentenpflichten verfehlt zu haben, oder in richtiger Er=
kenntnis der Notwendigkeit eines Systemwechsels, gaben den an sie
gestellten Forderungen nach, setzten an die Stelle der alten, reaktio=
nären Ministerien neue (sog. „Märzministerien"), die meist der bis=
herigen parlamentarischen Opposition entnommen waren, und be=
willigten oder versprachen doch allerhand tiefgreifende Reformen.

Von der Bewegung des Jahres 1830 unterschied sich die von
1848 in sehr bedeutsamer Weise dadurch, daß, während jene aus=
schließlich freiheitlicher Natur gewesen war, diese sogleich in ihren
Anfängen und in ihrem ganzen Verlaufe wesentlich von dem Ein=
heitsgedanken, von dem Verlangen nach einer **Neugestaltung Ge=
samtdeutschlands** beherrscht ward. In allen Resolutionen der

vielen Volksversammlungen, in allen an die Throne gerichteten Petitionen und Adressen, ebenso in allen Regierungsprogrammen der neuen Ministerien nahm die „nationale Frage" immer die erste oder doch eine der ersten Stellen ein.

Übrigens verlief die Bewegung in den einzelnen deutschen Staaten — mit Ausnahme der beiden Großstaaten — im ganzen ziemlich friedlich. Zu gewaltsamen Ausbrüchen der Volksleidenschaft kam es nur in Wien und Berlin. In Wien ward die Ruhe dadurch wieder hergestellt, daß Fürst Metternich, dieser Altmeister der Reaktion in Österreich und Deutschland, von der Volksstimme verurteilt, von seinen eigenen Anhängern und Kollegen preisgegeben, seinem hohen Amte entsagte. In Berlin dagegen fand ein langer, hartnäckiger Barrikadenkampf statt, dem der König zuletzt durch Zurückziehung des Militärs ein Ziel setzte.

Es kam nun darauf an, ob es gelingen werde, die über ganz Deutschland verbreitete, auf eine nationale Wiedergeburt Deutschlands gerichtete Bewegung in eine solche Bahn zu leiten, daß sie sich weder überstürze, noch verzettele, vielmehr ihr hohes Ziel wirklich erreiche. Ein vom König Friedrich Wilhelm IV. gegebener Anstoß, eine Bundesreform auf dem althergebrachten Wege von Ministerialkonferenzen anzubahnen, kam, weil von den Ereignissen überholt, zu spät. Ein von einigen süddeutschen Höfen unternommener Versuch, der Bewegung dadurch von vornherein einen bestimmten Gang anzuweisen, daß sie den König von Preußen ersuchen wollten, die Leitung derselben, die Berufung eines deutschen Parlaments und die Verhandlungen mit diesem über eine neue Verfassung für Deutschland zu übernehmen, scheiterte an den Vorgängen in Berlin, welche den König wenigstens für die nächste Zeit zu einer solchen Vertrauensstellung unfähig erscheinen ließen. Die vom Bundestag bekundete Absicht der Herstellung einer Verfassung im Verein mit den „Vertrauensmännern" war etwas zu Weitaussehendes und zu Ungewisses, als daß die hochgehende Erregung der Gemüter dabei hätte Beruhigung fassen mögen.

Nach alledem war es eine durch die Umstände gebotene und im besten Sinne patriotische That, daß eine Anzahl hervorragender Mitglieder einzelner Ländesvertretungen die Bewegung in die Hand nahm und in einer Versammlung zu Heidelberg zunächst die Veranstaltung einer großen Versammlung Gleichgesinnter aus allen

Teilen Deutschlands beschloß, welche sodann auf die Berufung einer aus gesetzlichen Wahlen hervorgehenden Nationalvertretung, eines „deutschen Parlamentes", hinwirken sollte. Diese Versammlung („Vorparlament" taufte sie der Volksmund) fand statt; der Bundestag, entsprechend dem allgemeinen Wunsche, lud die Regierungen ein, Wahlen zu einem Parlamente auszuschreiben, und so trat ein solches am 18. Mai 1848 in der alten Wahl- und Krönungsstadt Frankfurt am Main zusammen. Als Aufgabe der zu wählenden „Nationalvertreter" bezeichnete das Ausschreiben des Bundestages die, „zwischen den Regierungen und dem Volke das deutsche Verfassungswerk zustande zu bringen".

So wollte es scheinen, als könnte jene Zusage der Proklamation von Kalisch, derzufolge „die Verfassung Deutschlands aus dem ureigenen Geiste des deutschen Volkes hervorgehen sollte", eine Zusage, die durch die Bundesakte von 1815 so schmählich verleugnet worden war, jetzt, nach mehr als einem Menschenalter, doch noch zur Wahrheit werden!

Leider scheiterte diese Hoffnung teils an dem Widerstande der, allmählich wieder in ganzer Schroffheit hervortretenden partikularistischen Elemente, teils an dem Dualismus der beiden Großmächte, endlich auch an der noch nicht genugsam überwundenen Unreife der Einheitsbewegung selbst, welche von der einen Seite über das rechte Ziel hinaus dem Wahngebilde einer deutschen Republik zutrieb, von der andern Seite nur zu bald wieder ermattete und in die alte Zerfahrenheit und Lauheit zurücksank.

Eines indes ward in Frankfurt doch erreicht: die fast ein Jahr lang dauernde Verfassungsarbeit des Parlaments stellte wenigstens diejenige Form der Verwirklichung des Einheitsgedankens fest, welche allein den gegebenen Verhältnissen und Bedürfnissen der Nation entsprach und welche eben darum ihren wesentlichen Bestandteilen nach unserer heutigen Reichsverfassung zu Grunde gelegt worden ist: nämlich die Zusammenfassung aller deutschen Staaten mit Ausnahme Österreichs in einen Bundesstaat unter dem Namen: „Deutsches Reich" mit ausgedehnten einheitlichen Befugnissen im Heeres-, Rechts-, Verkehrswesen u. s. w., jedoch unter möglichster Schonung der Selbständigkeit der Einzelstaaten — an seiner Spitze ein erbliches Kaisertum der Könige von Preußen aus dem ruhmreichen Hause der Hohenzollern.

Mußte daher auch die vom Frankfurter Parlament am 28. März 1849 verkündete „Deutsche Reichsverfassung" damals und noch auf Jahrzehnte hin eine bloße „Verfassung auf dem Papier" bleiben, so hatte doch der große Begründer der, 1871 wirklich ins Leben getretenen neuen Gestalt Deutschlands, Fürst Bismarck, sicherlich nicht unrecht, wenn er in seinem Danke an die 30 „alten Frankfurter", welche ihn zu seinem Dienstjubiläum am 1. April 1885 huldigend begrüßt hatten, offen aussprach, daß das Werk des Frankfurter Parlaments eine wertvolle Vorarbeit und Grundlegung zu seinem eigenen Werke gewesen sei*).

XXIII.
Neue Anläufe und neue Mißerfolge.

Nachdem König Friedrich Wilhelm IV. die ihm vom Parlamente angebotene deutsche Kaiserkrone zurückgewiesen, und nachdem Preußen und die anderen Königreiche (selbstverständlich auch Österreich) der in Frankfurt festgestellten Reichsverfassung ihre Genehmigung versagt hatten, machte die preußische Regierung den Versuch, von sich aus das Werk der Verfassungsreform in die Hand zu nehmen. Freilich that sie und that namentlich der König dies nur mit halbem Herzen und ohne rechte Entschiedenheit. So ward es dem in sich wieder erstarkten Österreich leicht, mit Hilfe der Mittelstaaten, die, eifersüchtig auf ihre unbeschränkte Souveränität, sich an den Kaiserstaat ängstlich anklammerten, Preußen aus einer Position nach der anderen zu vertreiben, zu einer Selbstdemütigung nach der andern zu zwingen, so daß es zuletzt froh sein mußte, in der einfachen Wiederherstellung des alten Bundestages die Rettung vor noch weiteren Niederlagen, die Österreich ihm bereiten wollte, zu finden.

Damit war der deutsche Einheitsgedanke abermals von dem Ziel, dem er diesmal schon so nahe zu sein geschienen hatte, auf unbestimmte Zeit weit zurückgeworfen. Der alte Bundestag begann ganz in alter Weise sein Werk der planmäßigen Zerstörung aller Keime der Einheit wie der Freiheit im Innern, der tiefsten Erniedrigung Deutschlands vor dem Ausland. Staatsstreiche folgten auf Staatsstreiche. Die verfassungstreuen Kurhessen wurden einer

---
*) S. die „Dreißig Jahre", 1. Bd. S. 206 ff.

brutalen Vergewaltigung preisgegeben, die wackern Schleswig-Holsteiner ihren argen Bedrängern, den Dänen, wehrlos überliefert. Die Anfänge einer deutschen Kriegsflotte, die das Parlament geschaffen, wurden, damit nur ja keine Spur des Jahres 1848 übrig bleibe, öffentlich versteigert. Durch einen Gewaltstreich der Großmächte, an dem leider auch Preußen sich beteiligte, wurde, unter gröblicher Verletzung altverbriefter Verträge, durch das „Londoner Protokoll von 1852" die Erbfolge in Schleswig-Holstein so geregelt, daß, wenn es danach ging, beide Länder für ewig an Dänemark gekettet bleiben mußten. Der deutsche Zollverein entging mit knapper Not dem Schicksal, gesprengt zu werden.

Preußen mußte schwer büßen für die Schwäche, die seine Regierung gegenüber Österreich und den Mittelstaaten gezeigt, für die Tage von Bronzell und Olmütz. So sehr hatte es alles Ansehen im Auslande eingebüßt, daß Kaiser Nikolaus von Rußland, als er 1853 mit dem englischen Gesandten Seymour jenes denkwürdige Gespräch über „die Erbschaft des kranken Mannes am Bosporus" pflog, Österreichs wenigstens als einer Macht gedachte, deren freiwilliges Eingehen auf seine Pläne er hoffe, dagegen Preußens (als lohne sich dies gar nicht der Mühe) überhaupt keine Erwähnung that, daß nach dem Ausbruch des Krimkrieges 1854 derselbe russische Selbstherrscher von Preußen in der rücksichtslosesten Form unbedingte Heeresfolge forderte, und daß endlich im italienisch-französischen Kriege von 1859 Österreich mit einer ganz ähnlichen Zumutung an das Berliner Kabinett herantrat. „Wir waren heruntergekommen und wußten nicht wie" — hat Bismarck später einmal von dem damaligen Preußen gesagt*).

XXIV.
Abermalige Anregung des deutschen Nationalgefühls durch den italienischen Krieg von 1859. Der „Deutsche Nationalverein".

Der Krieg, den Kaiser Napoleon III. um Italiens willen 1859 gegen Österreich begann, brachte in das abermals verdumpfte politische Leben Deutschlands wieder einige Bewegung. Unmittelbar an den Grenzen Deutschlands geführt, war dieser Krieg nahe daran,

---
*) S. die „Dreißig Jahre", 1. Bd. S. 469 ff., 2. Bd. S. 1 ff., 114 ff., 231 ff.

auch auf das Bundesgebiet herüberzugreifen und so den Bund in Mitleidenheit zu ziehen. Man erkannte, wessen man sich von dem kühnen Abenteurer an der Seine zu versehen habe. Man erkannte aber auch, mit welcher Starrheit Österreich gegen Italien dieselbe Politik der grundsätzlichen Feindseligkeit gegen alle freiheitlichen und nationalen Bestrebungen verfolgte, durch welche es Deutschland um seine teuersten Hoffnungen betrogen hatte, und gleichzeitig überzeugte man sich davon, wie wenig dieses selbe Österreich imstande war, einem Angriff von Frankreich erfolgreich zu widerstehen, wie daher, falls ein solcher auf Deutschland erfolgen sollte, nicht von ihm, sondern nur von Preußen auf wirksame Hilfe zu hoffen sei.

Preußen war in der Zwischenzeit ein wesentlich anderes geworden, als welches es 1849—1850 gewesen. An seiner Spitze stand jetzt nicht mehr ein Monarch wie König Friedrich Wilhelm IV., der, bei aller hohen Begabung und allem edlen Willen, sich doch als schwankend und unberechenbar in seinen Entschlüssen und zu einer wahrhaft thatkräftigen Politik unfähig erwiesen hatte, sondern ein Regent, der Prinz von Preußen, der in diesem allen das völlige Gegenteil seines königlichen Bruders war. In dem politischen Programm, womit derselbe die Regentschaft antrat, fanden sich in Bezug auf die auswärtige Politik die bedeutsamen Worte:

„Ein festes, konsequentes und, wenn es sein muß, energisches Verhalten, gepaart mit Klugheit und Besonnenheit, muß Preußen das politische Ansehen und die Machtstellung verschaffen, die es durch seine materielle Macht allein zu erreichen nicht imstande ist."

So lenkte sich denn in weiten Kreisen der deutschen Nation das lange verscherzt gewesene Vertrauen von neuem der preußischen Vormacht zu. Und zwar, bezeichnender Weise, zuerst von Süddeutschland aus und nicht bloß aus dem gemäßigt liberalen, sondern auch aus dem demokratischen Lager. Öffentliche Erklärungen aus Nassau, aus Frankfurt a. M., aus Stuttgart, von einer großen Zahl angesehener Männer unterzeichnet, forderten mit Entschiedenheit, daß, falls es zum Kriege mit Frankreich käme, an Preußen die militärische und diplomatische Führung Deutschlands übertragen werden müsse. In einem engeren Kreise von Patrioten bestand sogar der Plan, durch eine öffentliche Kundgebung (etwa ähnlich dem Vorparlament von 1848) die preußische Regierung direkt zur Übernahme einer solchen Führerschaft aufzufordern.

Eine weitere Bethätigung dieser neuen nationalen Bewegung ward verhindert durch den von Österreich jählings abgeschlossenen Waffenstillstand und Präliminarfrieden von Villafranca. So blieb die einzige Frucht jener Bewegung der am 14. August 1859 zu Eisenach gegründete „Deutsche Nationalverein". In ihm einigten sich Konstitutionelle und Demokraten zu der Erklärung, „daß die nationale Unabhängigkeit und Einheit höher zu stellen sei, als die Forderungen der Partei", und „daß sie für ihre Person für die Errichtung einer kräftigen Verfassung Deutschlands in Eintracht und Ausdauer zusammenwirken wollten." „Die preußische Regierung," hieß es in dem Programm des Vereins, „sei in ihrer Thätigkeit für Einführung einer starken und freien Gesamtverfassung Deutschlands mit allen Kräften zu unterstützen", und „bei einer abermaligen Kriegsgefahr sei die diplomatische und militärische Leitung sofort auf Preußen zu übertragen".

Der „Deutsche Nationalverein" hat trotz vieler Anfechtungen und polizeilicher Hemmungen und trotz des lauen Verhaltens des preußischen „Ministeriums der neuen Ära" ihm gegenüber fortbestanden und ist thätig gewesen bis dahin, wo das Ziel, das er durch Einwirkungen auf den Geist der Nation angestrebt, die Einigung Deutschlands, auf anderem Wege glücklich erreicht ward*).

XXV.
Falsche Propheten.

Das Wirken des Nationalvereins hatte jedenfalls die nicht zu unterschätzende Folge, daß, soweit dessen Einfluß reichte, die Nation vor den Abwegen gewarnt wurde, auf welche gewisse falsche Propheten sie zu locken suchten.

Die Wiedererweckung des nationalen Gedankens im italienischen Kriege erschien selbst solchen deutschen Regierungen, deren Politik diesem Gedanken am fernsten stand, als eine nicht abzuweisende Mahnung, wenigstens scheinbar darauf einzugehen. So tauchten am Bundestage allerhand Vorschläge auf, welche eine angebliche Verbesserung der bestehenden Bundesverfassung bezweckten, in Wahrheit aber dem deutschen Volke nur einen Stein statt des ersehnten Brotes boten. Den Höhepunkt erreichte diese Politik der Täuschungen in

---

*) S. die „Dreißig Jahre," 2. Bd. S. 154 ff., 181 ff., 201 ff., 248 ff.

dem 1863 von Österreich veranstalteten „Frankfurter Fürstentage". Der demselben vorgelegte Entwurf einer deutschen Verfassung gewährte wenig mehr, als was die ersten Entwürfe zur Bundesakte von 1815 enthalten hatten, ein von Österreich, Preußen, Baiern und anderen Mittelstaaten zu bildendes Direktorium und daneben einen sog. „Bundesrat", ähnlich dem alten Bundestage. Den Vorsitz in beiden Körperschaften sollte Österreich führen. Statt einer Vertretung der Nation sollte nur alle drei Jahre eine aus Delegierten der Einzellandtage bestehende Versammlung tagen. Sie hätte über die vom Direktorium und Bundesrat ihr vorgelegten Gesetzesvorschläge zu beschließen, durfte auch selbst Vorschläge machen.

Es war, als ob es niemals ein 1848 und ein erstes deutsches Parlament aus Volkswahlen gegeben hätte!

Und für diese Verkümmerung des Einheitsgedankens sollte Deutschland auch noch an die österreichische Gesamtmonarchie einen unerhörten Preis zahlen, sollte die Unverletzlichkeit ihres gesamten Besitzstandes, also auch Italiens und Ungarns, verbürgen, sollte bei Kriegen Österreichs wegen dieser nichtdeutschen Länder ihm Hilfe zu leisten gezwungen sein.

Offenbar hatten die österreichischen Staatsmänner gehofft, der gerade damals in Preußen mit voller Heftigkeit wegen des Budgetrechts geführte Kampf zwischen Regierung und Abgeordnetenhaus, der allerdings große Mißstimmung auch im übrigen Deutschland erregt und selbst viele der wärmsten Anhänger Preußens betroffen gemacht hatte, werde den österreichisch-mittelstaatlichen Plänen günstig sein. Indessen genügte das Fernbleiben Preußens von diesen Verhandlungen und dessen entschiedener Protest gegen jeden Versuch einer Bundesreform, der nicht die Zustimmung Preußens und außerdem auch die einer wirklichen deutschen Volksvertretung für sich habe, um alle diese Projekte von der Bildfläche verschwinden zu machen *).

XXVI.
Endlich am Ziele!

Inzwischen war in Preußen der Staatsmann an die Spitze der Regierung getreten, der sich entschlossen zeigte, die deutsche Frage ihrer nicht länger zu verschiebenden wahren Lösung um jeden Preis

---
*) S. die „Dreißig Jahre", 2. Bd. S. 348 ff.

— auch mit „Blut und Eisen", wenn es sein müßte — entgegenzuführen.

Daß Österreich nicht gutwillig aus Deutschland weichen, ja nicht einmal von der beherrschenden Stellung, die es seit 1850 wieder eingenommen, zurücktreten werde, war ebenso gewiß, als daß mit einem Dualismus zweier deutscher Großmächte eine einheitliche, mit einer Herrschaft Österreichs eine volkstümliche Verfassung für die deutsche Nation nimmermehr zu erreichen stehe. Die Jahre 1848 bis 1850 hatten dafür den vollgültigen Beweis geliefert.

Es galt also jedenfalls einen Kampf, und zwar einen um so schwierigeren, als nach eben jenen Erfahrungen bei einem Bruche zwischen Preußen und Österreich die Mittelstaaten auf des letzteren Seite zu finden sein würden.

Das Erste und Notwendigste für die Regierung Preußens war daher die Schaffung eines schlagfertigen, kriegsbereiten, den Gegnern möglichst überlegenen Heeres. Dieses Werk fand Herr v. Bismarck-Schönhausen, als er im September 1862 zum preußischen Ministerpräsidenten ernannt ward, bereits von langer Hand durch König Wilhelm I. selbst vorbereitet und mit aller Entschiedenheit in Angriff genommen. Im Vollbewußtsein des hohen Zweckes, dem dasselbe dienen sollte, scheute er nicht davor zurück, den Plan seines königlichen Herrn gegen den Widerstand der Volksvertretung durchzusetzen, und nicht bloß der äußere Erfolg, sondern nachträglich letztere selbst hat ihm darin Recht gegeben.

Ob König Wilhelm bei seiner Heeresreorganisation bereits an einen davon gegen Österreich zu machenden Gebrauch gedacht habe, darf mit Recht bezweifelt werden. Man weiß, welche Überwindung es ihm selbst noch dann kostete, als die im Jahre 1866 immer höher gestiegene Spannung zwischen beiden Mächten eine gewaltsame Lösung des Konfliktes unvermeidlich erscheinen ließ, zu diesem äußersten Mittel zu greifen. Auch Bismarck empfand es als eine harte Notwendigkeit, daß kein anderer Ausweg blieb — das ergiebt sich daraus, daß er bei dem Friedensschlusse mit Österreich und den süddeutschen Staaten alles vermied, was eine Wiederaussöhnung der Gegner erschweren konnte. Dieser weisen Politik der Mäßigung und der Voraussicht war es zu danken, wenn ihm gelang, die Südstaaten sofort durch Erhaltung des Zollvereins und geheime Militärverträge enger an den Norddeutschen Bund heranzuziehen, mit Öster-

reich aber in einer nicht zu fernen Zeit jenes innige Bündnis zu
schließen, welches für beide Reiche, ebenso wie für den europäischen
Frieden von so unschätzbarem Werte ist.

Hatte das Jahr 1866 den Norddeutschen Bund ins Leben
gerufen, so ward auf den blutigen Schlachtfeldern Frankreichs im
Jahre 1870 das neue Deutsche Reich und das erbliche
Kaisertum der Hohenzollern geboren. Die Träume der
Patrioten von 1813 gingen in Erfüllung, die Anläufe des ersten
deutschen Parlaments von 1848, von einer stärkeren Hand wieder
aufgenommen und weiter geführt, gelangten an ihr Ziel: der Ein=
heitsgedanke triumphierte endlich über den Geist der
Absonderung und des Partikularismus*).

Mögen denn das jetzt lebende und alle kommenden Geschlechter,
denen das von ihren Vorgängern so schmerzlich ersehnte und mit
so vielen Opfern vergeblich erstrebte Gut der Einheit mühelos in den
Schoß gefallen ist, dasselbe unversehrt und unverkümmert bewahren!
Mögen sie darüber wachen, daß nicht ein neuer Partikularismus,
kaum minder gefährlich als der allmählich geschwundene der einzelnen
Stämme, ein Partikularismus der materiellen Sonderinteressen und
der auf solchen fußenden Parteien, die Einigkeit der Nation störe
und das Einheitswerk bedrohe! Mögen sie eingedenk sein der un=
verjährbaren Dankesschuld des deutschen Volkes gegen die großen
Begründer dieses Einheitswerkes, und mögen sie diese Dankesschuld
dadurch abzutragen suchen, daß sie, in deren Geiste handelnd, dem
nationalen Gedanken, von welchem beseelt jene Männer so Gewaltiges
vollbrachten, auch ihrerseits ihre ganze Kraft widmen und jedes
Opfer mit Freuden bringen.

---

*) S. die „Dreißig Jahre", 2. Bd. S. 403 ff., 478 ff., 499 ff.